prometeo
l i b r o s

La reforma policial en América Latina
Una mirada crítica desde el progresismo

Marcelo Fabián Sain

La reforma policial en América Latina
Una mirada crítica desde el progresismo

Con prólogo de Joachim Knoop, Director de la revista
Nueva Sociedad

Índice

Prólogo

De todos los problemas que azotan a América Latina (la inestabilidad económica, la debilidad institucional, los desvíos autoritarios), la inseguridad es uno de los más graves. Los números son elocuentes. En el último cuarto de siglo, la criminalidad en la región se ha duplicado. Según la Organización Panamericana de la Salud (OPS), en 1980 el promedio de homicidios por 100.000 habitantes era de 12,5 al año, mientras que en 2006 el mismo indicador alcanzó el 25,1. Y detrás de estas estadísticas, el auge de las pandillas juveniles transnacionalizadas en América Central, el narcocopamiento de crecientes segmentos del Estado en México, la violencia social que no cesa en Brasil y la novedad del crimen a la vuelta de la esquina en países que hasta hace poco tiempo se mantenían al margen del problema, como Uruguay y Chile.

En este contexto, la policía es fundamental. En los '90, casi todos los países de la región emprendieron reformas en sus instituciones policiales, pero los resultados han sido limitados. En algunos casos, en especial en Centroamérica, se optó por la creación de nuevas fuerzas policiales tras el fin del conflicto armado. Sin embargo, la baja efectividad en la ejecución de sus tareas y la creciente corrupción llevaron a la deslegitimación y el descreimiento de la sociedad. Otros países, como la Argentina, Colombia y Perú, pusieron en marcha reformas orientadas a la reorganización institucional del cuerpo policial: la depuración de los oficiales corruptos, el mejoramiento de los sistemas de reclutamiento y formación, el aumento de los niveles de vigilancia y el fomento de la participación de la sociedad civil fueron algunos de sus objetivos. Finalmente, algunos países apostaron a la creación de policías comunitarias, que tienen por objeto estrechar los lazos entre la policía y la comunidad, se aplican en áreas geográficas muy reducidas y requieren de cambios profundos en la cultura policial, los cuales muchas veces resultan difíciles de ejecutar. En casi todos los casos, las reformas y los cambios fueron resistidos por las instituciones policiales, lo que derivó en la tendencia a la privatización de la seguridad o la decisión de recurrir a las fuerzas armadas para tareas de seguridad pública.

La izquierda latinoamericana, que desde hace algunos años ha incursionado en el debate acerca de la seguridad pública, aún no ha logrado abordar plenamente la cuestión de la reforma policial. El problema es grave. En los '80, cuando la crisis de la deuda en América Latina golpeaba a la primera generación de gobiernos posautoritarios, las fuerzas progresistas o de izquierda fueron incapaces de elaborar una propuesta económicamente sólida y políticamente convincente para superar el momento. Frente al evidente agotamiento del modelo estadocéntrico de crecimiento hacia adentro, el progresismo se quedó sin discurso y sin planes. El resultado fue una década de hegemonía neoliberal, con los resultados por todos conocidos. El riesgo, ahora, es que la inseguridad ocupe el lugar que en el pasado ocuparon el déficit fiscal y la ineficiencia del Estado. De hecho, es lo que ya está pasando en muchos países, como el El Salvador o Guatemala, donde las propuestas de mano dura cosechan cada vez más votos.

Frente a esta ofensiva, el progresismo político demora en encontrar respuestas. Esta falta se debe, en primer lugar, al hecho de que en muchos sectores de izquierda todavía persisten traumas históricos asociados con las dictaduras y la represión policial. Para el progresismo, las instituciones policiales son sujetos de arbitrariedades y discriminación y no los garantes de derechos y libertades de la ciudadanía. Por otro lado, en algunos círculos persiste la idea de que la inseguridad es un subproducto más o menos automático de la pobreza y las exclusión social y que, por lo tanto, hasta tanto no se resuelvan estos males endémicos no será posible enfrentarla. Y esto –más allá de si el diagnóstico es correcto o no– impide pensar el mientras tanto.

Es justamente ese "mientras tanto" el eje de la trayectoria académica y política de Marcelo Sain. Durante años, Sain fue uno de los pocos académicos argentinos de perfil progresista que se dedicó a trabajar de manera seria y sistemática el tema de la seguridad y, especialmente, el de la policía. Más tarde fue viceministro de Seguridad de la provincia de Buenos Aires y finalmente interventor de la Policía de Seguridad Aeroportuaria, cargos desde los cuales buscó implementar amplias reformas en base a la idea de que las instituciones policiales suelen sufrir el desgobierno del poder político, en una transacción que muchas veces asume la forma de un pacto implícito: la policía obtiene autonomía y, a cambio, le garantiza a las autoridades cierta regulación del delito. Para Sain, es esencial quebrar este pacto y asumir el control de las fuerzas de seguridad, única forma de resolver un problema que no es policial sino político.

Este trabajo es una contribución al debate acerca de la reforma policial desde una mirada progresista. Su origen es el Seminario Internacional *"Reforma policial, democracia y ciudadanía"*, realizado por la revista *Nueva Sociedad* y la *Fundación Friedrich Ebert* en Colombia el 30 y el 31 de marzo del 2009. En aquella oportunidad, especialistas, funcionarios y académicos de diferentes países latinoamericanos debatieron los grandes ejes de una posible reforma de las fuerzas de seguridad. El *paper* presentado por Sain, corregido y aumentado, es la base de este libro, que conjuga la experiencia académica del especialista con la práctica del gestor de la seguridad, una combinación rara pero crucial para contribuir a construir policías más democráticas, respetuosas de los derechos individuales y las garantías constituciones y, al mismo tiempo, más creíbles, profesionales y eficientes.

Joachim Knoop
Director de la revista *Nueva Sociedad*

Agradecimiento

Deseo agradecer a Joachim Knoop y, a través de él, a los colegas y compañeros de la revista *Nueva Sociedad* y de la *Friedrich Ebert Stiftung*, por el interés y el "atrevimiento" en abordar una problemática recelada por la izquierda latinoamericana y de hacerlo desde una perspectiva progresista, así como por la confianza y el afecto que han dispensado a mi persona.

También hago extensivo el agradecimiento a José Natanson, jefe de Redacción de la revista *Nueva Sociedad*, por el permanente aliento y cariño con que respalda nuestro trabajo.

Finalmente, deseo agradecer a los amigos y compañeros, Santiago Escobar y Mariano Ciafardini, por el compromiso político en insistir en la necesidad de producir reformas institucionales inteligentes –es decir, lejos de las tradiciones maximalistas absurdas– en materia de seguridad pública y, particularmente, por compartir una ya vieja amistad.

Marcelo Fabián Sain

Prefacio

"La institución policial ha perdido credibilidad ante los ciudadanos. El deterioro de su imagen se debe, en primer lugar, a que se le identifica con la represión. Muchos temen a la policía y piensan que es ineficaz, no sólo porque su acción produce conductas violentas sino también porque en ella existen sectores corruptos y porque algunos de sus agentes son cómplices de la delincuencia. Esto trae consigo la mezcla de atracción y rechazo que prevalece en la opinión pública ante los temas relacionados con la policía, situación que se ha ido polarizando en los últimos años debido a las cada vez más comunes evidencias de que existe *otro orden*, uno que se edifica sobre la ilegalidad y la impunidad y que ataca directamente el sentido de la institución policial: ser garante de la ley y el orden, contribuir a la resolución de conflictos que aquejan a los ciudadanos y proteger el interés general de la colectividad".

Suárez de Garay, María Eugenia, *Los policías: una averiguación antropológica*,
Itesi / Universidad de Guadalajara, Guadalajara, 2006, pp. 13 y 14.

"La supervivencia de la actitud crítica absoluta con relación con la policía, inclusive en función de mejoramientos evidentes, implica una preocupación de complejidad bien mayor que los simples cambios de argumentos entre lo que la denuncia y la defensa es capaz de revelar. Seguramente, la policía no es mala [...] si se dedicara a realizar su tarea. Ni es razonable asumir que todas las críticas que persisten son apenas volubles o deshonestas. Por el contrario, parece ser más probable que, en el calor de la polémica, algunos hechos y algunos juzgamientos entren en desacuerdo, que muchos oponentes polémicos defiendan posiciones que están inmersas en presuposiciones tácitas y conflictivas, y así las tareas de análisis y reforma pendientes sólo podrían avanzar más allá de su impasse actual si, en primer lugar, estableciesen, con el menor tenor de ambigüedad posible, los términos en que la policía debe ser juzgada en su forma general y en todos los casos particulares de sus prácticas. Sin tales especificaciones previas de los términos apropiados de la crítica, ésta continuará asumiendo la forma de una serie vaga de reprobaciones.

15

> Además de eso, tal crítica, empleando criterios de juzgamiento arbitrarios y *ad hoc*, va inevitablemente a alienar a la policía, fortalecer su postura defensiva y desconfiada y, en la mejor de las hipótesis, resultar en una reforma semejante a una colcha de retazos, cuyo principal efecto será transformar una forma errónea de práctica en alguna otra igualmente errada".
>
> Bittner, Egon, "As funções da polícia na sociedade moderna: uma revisão dos fatores históricos, das práticas atuais e dos possíveis modelos do papel da polícia", en Bittner, Egon, *Aspectos do trabalho policial*, Edusp, São Paulo, 2003, pp. 94 y 95.

La *reforma policial* constituye un proceso institucional tendiente a reestructurar doctrinaria, orgánica y funcionalmente las instituciones policiales a los fines de conformar *nuevas policías* estrictamente ajustadas al principio democrático de protección ciudadana ante agresiones, violencias y delitos lesivos de los derechos y las libertades de las personas y de hacerlo con eficacia y eficiencia. La inmensa mayoría de las policías de América Latina, lejos de conformar instituciones funcionales a este ideario democrático, están atravesadas por defectos y fallas institucionales graves derivadas de sus anacronismos y deficiencias organizacionales, lo que las convierte en agencias deficientes en el cumplimiento de la única función que justifica modernamente su existencia como tal, esto es, el *control del delito*. En su interior, se combinan dramáticamente destrezas orientadas eficientemente al cuidado de las personas, la resolución de conflictos y la prevención, conjuración e investigación del delito, por un lado, con prácticas signadas por los abusos y arbitrariedades en el uso de la fuerza, la corrupción institucionalizada y diversas modalidades de protección de actividades criminales, por el otro lado. Esta ambivalencia, quizá, justifique la llamativa percepción que las sociedades latinoamericanas le dispensan cuando la proyectan y proclaman como la principal institución para hacer frente a los delitos en crecimiento, al mismo tiempo que la consideran deficiente, abusiva y/o corrupta. Por ello, en América Latina, la reforma policial no sólo debe apuntar a convertir a la policía en una institución eficiente en sus labores de control del delito sino que debe orientarse a erradicar el conjunto de condiciones doctrinarias, organizativas y funcionales que dan lugar a prácticas ilegales que la convierten en una fuente de delito y de violaciones a los derechos de las personas.

Todo ello y la certeza de que la policía constituye un instrumento fundamental para la protección ciudadana ante hechos de violencia y ante los delitos, colocan a la reforma policial como un derrotero necesario. Pero dicho derrotero debe estar asentado en una base conceptual fundamental dada por una *visión minimalista* de la incidencia de la institución policial en la construcción de la ciudadanía. En democracia, la institución policial no construye ciudadanía sino que apenas tiene alguna gravitación en el mantenimiento de la *ciudadanía civil* y, específicamente, como garante de la *libertad negativa* de las personas ante violencias y delitos que cercenen sus derechos y libertades, es decir, como *instrumento gubernamental específico –pero no único– de gestión de conflictos mediante su prevención o conjuración*. Así, la policía no es más que un dispositivo institucional –importante pero no único– de articulación de las *"protecciones civiles"* que, según Castel, *"garantizan las libertades fundamentales y la seguridad de los bienes y de las personas en el marco de un Estado de derecho"*.[1]

Pues bien, en América Latina, resulta habitual que, ante las crisis institucionales derivadas del aumento del delito y, en particular, de la expansión del miedo social al delito, se alienten desde los gobiernos respuestas políticas de corte efectistas y básicamente asentadas en la postulación de mayor presencia policial en las calles así como también del inicio –casi nunca concretado– de *reformas policiales* que apunten a fortalecer la labor institucional de la policía. Durante los últimos años, la proclama política de la reforma policial ha configurado la contestación más recurrente a las crisis de la seguridad pública. *"La reforma policial ha sido la respuesta más frecuente a las percepciones de una mayor inseguridad"*, señalan apropiadamente Dammert y Bayley.[2] Y ello no ha sido sólo un atributo de los sectores políticos de la derecha de nuestras sociedades

---

[1] Castel, Robert, *La inseguridad social. ¿Qué es estar protegido?*, Manantial, Buenos Aires, 2004, p. 11.

[2] Bailey, John y Dammert, Lucía, "Introducción", en Dammert, Lucía y Bailey, John (coords.) *Seguridad y reforma policial en las Américas: experiencias y desafíos*, Siglo Veintiuno Editores, México DF, 2005, p. 14. Éste constituye un buen texto para abordar la problemática de la reforma policial en el continente.

sino también de los partidos de centro-izquierda que han ejercido o están ejerciendo el gobierno en la región.[3] Al respecto, las diferencias discursivas e institucionales entre ambos sectores han sido exiguas, insignificantes. Casi todos plantean, al unísono, que a los problemas de seguridad y, en particular, al crecimiento del delito hay que anteponerle sólo más y mejor policía. Y allí se reitera el persistente postulado de la *reforma policial* bajo el supuesto –no siempre explicitado– de que la *policía constituye la instancia fundamental o única de control del delito en nuestras sociedades*. Se da lugar a una suerte de *policialización* de la respuesta político-estatal a las problemáticas de la seguridad pública.

Esto tiene lugar en un contexto social muy particular. En América Latina, las instituciones policiales son casi siempre mal vistas por la población. En general, están socialmente desprestigiadas y son estigmatizadas como aparatos predominantemente represivos y corruptos. Sin embargo, como se dijo, esa misma población proyecta a la policía como la instancia que debe tomar cuenta y conjurar todo tipo de desorden social así como también prevenir delitos y aprehender a los delincuentes. Toda forma de desorden o de delito es observado y sentido holísticamente como un fracaso de la labor policial. Se crea, entonces, una expectativa poco realista de la capacidad efectiva de la policía ante cualquier incidente pero particularmente ante los delitos en aumento. Se desconoce por completo que los delitos son fenómenos sociales diversos y complejos, y que derivan o resultan de un conjunto convergente de factores sociales, económicos, culturales y/o políticos que casi nunca son manipulables o modificables por una agencia estatal y, menos aún, por la policía.

Asimismo, en nuestros países, el vínculo establecido entre el mundo de la política y la institución policial es intrincado y se enmarca en un

---

[3] En el presente trabajo se identifica como *progresistas* a las concepciones, programas y/o acciones políticas centralmente orientadas a proclamar y/o producir reformas políticas, institucionales y sociales tendientes a construir una situación de seguridad pública democrática, particularmente, a favor de los sectores sociales populares y/o más vulnerables de nuestras sociedades. No obstante, cabe aclarar que no se identifica necesariamente y de manera determinante al progresismo con las posiciones, partidos o gobiernos de *centro-izquierda*, ya que, como se verá, durante los últimos años, numerosos gobiernos de este signo en América Latina han desarrollado políticas y acciones alejadas de la impronta reformista del progresismo y cercanas o inscritas en las tradicionales políticas de derecha.

supino *desconocimiento y/o desinterés político* hacia los asuntos de seguridad pública y, especialmente, hacia la propia policía, sus prácticas y sus trazos simbólicos. Ello ha favorecido el delineamiento de una *concepción limitada y conservadora de reforma policial* centrada casi exclusivamente en la mejora, apuntalamiento y/o ampliación del sistema policial vigente, de su estructura organizativa, de sus basamentos doctrinales, de sus orientaciones funcionales, su equipamiento e infraestructura, su personal, sus dispositivos de formación y capacitación y sus carreras profesionales, sin prestar la debida atención a *las modalidades de policiamiento* y su impacto sobre el delito así como al tipo de *trabajo policial* que se desarrolla cotidianamente. Dicha concepción tiene una impronta fuertemente *continuista* de la institución policial, dado que no problematiza ni pone en tela de juicio aquel conjunto de aspectos ni indaga acerca de la eficacia con que la policía desarrolla sus tareas sino que, más bien, postula la necesidad de ampliar dicha organización y hacer extensiva sus prácticas en el espacio y en el tiempo.

La creencia de que la policía constituye el principal recurso para el control del crimen, por un lado, y la tradicional apatía, ineptitud y parcialidad con que la política abordó la seguridad pública y los asuntos policiales, por otro lado, han favorecido el permanente *desgobierno político sobre los asuntos de la seguridad pública*, en cuyo contexto la dirigencia política de nuestros países y, en particular, las sucesivas y diferentes autoridades gubernamentales *delegaron* a las agencias policiales el monopolio de la dirección y de la administración de la seguridad pública. Ésta configuró una esfera institucional exclusivamente controlada y gestionada por la policía sobre la base de criterios, orientaciones e instrucciones autónoma y corporativamente definidas y aplicadas sin intervención determinante de otras agencias estatales no-policiales. En consecuencia, la dirección, administración y control integral de los asuntos de la seguridad pública así como la organización y el funcionamiento del sistema policial quedaron en manos de las propias policías –o, más bien, de sus cúpulas–, generando así un extendido proceso de *policialización de la seguridad pública*.

El sociólogo Peter Waldmann ha indicado apropiadamente que las posibilidades de reforma institucional de las policías en América Latina requieren de *"un cuidadoso inventario de las estructuras [policiales] actuales"*,[4] para lo cual resulta imprescindible construir una *sistemática sociológica de la institución policial y de su incidencia sobre los delitos* que permita establecer una *base conceptual común e integral de la institución policial real* y que, por ende, supere la impronta mitológica que prima acerca de la policía en nuestras sociedades. No obstante, con ello se correría el riesgo de distraernos del objetivo central del presente trabajo centrado en producir un *estudio descriptivo e interpretativo sobre las tendencias, condiciones, dilemas y desafíos existentes acerca de la reforma policial en América Latina.* En consecuencia, propongo desarrollar un *excursus* –digresión– acerca de la institución policial y el control del delito al final del presente trabajo.

En este marco resulta evidente que la reforma policial en América Latina constituye una cuestión intrincada cuyo análisis también requiere de una descripción tipológica acerca de la estructuración político-institucional de la policía y de su configuración doctrinal, organizacional y funcional. A partir de ello, resulta adecuado abordar, ya desde una perspectiva proyectual, la reforma policial en la región, en particular, las visiones y orientaciones generales de derecha y progresista acerca de ella; las concepciones tradicionales de reforma policial; la definición de reforma policial; los ejes estratégicos centrales de una reforma policial posible en América Latina; las condiciones político-institucionales para ello; y las dificultades y resistencias a dicho proceso de cambio. Finalmente, es importante enmarcar a la reforma policial en el contexto de las políticas de seguridad democráticas.

El presente texto es una versión ampliada del documento de trabajo presentado y debatido en el *Seminario Internacional "Reforma policial, ciudadanía y democracia"*, organizado por la revista *Nueva Sociedad* y la *Friedrich Ebert Stiftung*, y llevado a cabo los días 30 y 31 de marzo de 2009 en la ciudad de Bogotá, Colombia. La preocupación de estas organizaciones por la problemáticas vinculadas con los procesos de reforma policial en la región constituye un hito fundamental para el pensamiento progresista en América Latina, ya que, en general, estos sectores políti-

---

[4] Waldmann, Peter, "¿Protección o extorsión? Aproximación al perfil real de la policía en América Latina", en Waldmann, Peter, *El Estado anómico. Derecho, seguridad pública y vida cotidiana en América Latina*, Nueva Sociedad, Caracas, 2003, p. 134.

cos han tendido a ralear estas cuestiones de entre sus preocupaciones y, cuando ejercieron el gobierno, los impulsos reformistas en la materia han sido rápidamente abandonados.

Capítulo I
La policía en América Latina

"Desde un punto de vista general, podemos afirmar que el lugar y la función de los policías, sus prácticas y sus modos de organización constituyen temas que, con unas pocas excepciones, nunca merecieron la atención de las elites intelectuales, sindicales, económicas, políticas o religiosas, ni ocuparon el centro de la agenda de los movimientos sociales. El resultado es que hoy oscilamos entre la indiferencia y la desesperación, entre la inacción y la improvisación voluntarista, lo cual sólo contribuye a preservar y fortalecer las viejas estructuras".

Soares, Luiz Eduardo y Guindani, Miriam, "La tragedia brasileña: la violencia estatal y social y las políticas de seguridad necesarias", en revista *Nueva Sociedad*, Buenos Aires, N° 208, marzo-abril de 2007, p. 63.

1. Mitos y prejuicios acerca de la policía

Un estudio analítico y propositivo de la *reforma policial en América Latina* requiere de un abordaje integral del principal objeto de ese proceso y de este trabajo, a saber, la *policía*. Pero uno de los problemas más significativos al respecto está dado por el pronunciado desconocimiento que se tiene acerca de la institución policial tanto en los ámbitos político y social como en el académico.

Ese desconocimiento se debe, en gran medida, a la amplia difusión de un conjunto de *mitos acerca de la policía* a partir de los cuales se conforman ciertas visiones sobre la misma que *objetivan* y *reifican* un tipo de agencia policial que dista notablemente de sus modalidades reales de organización, de sus rutinas y hábitos cotidianos y de sus basamentos culturales específicos, es decir, del *trabajo policial concreto*.

El principio moderno justificante de la institución policial que proyecta a ésta como el principal instrumento social y estatal en el control del delito tiene un peso sustantivo en el sentido común social, político y académico. Pero ello constituye un verdadero *mito funcional*. En la inmensa mayoría de las instituciones policiales del mundo y en casi todas las policías de América Latina, los esfuerzos organizacionales y la cantidad de recursos humanos, operacionales e infraestructurales destinados de manera directa al desarrollo de las diferentes tareas de control del delito son menores y, en ciertos casos, exiguos. En ellas, el grueso de los dispositivos organizacionales está destinado, mas bien, al desarrollo de las labores de dirección, administrativas y conexas –salud, sistema previsional, asistencia social, etc.– de la institución, en un contexto de macrocefalía injustificable, así como al cumplimiento de un conjunto de tareas ajenas a la prevención, conjuración e investigación del delito, tales como la resolución de conflictos no-delictivos, el asistencialismo social, las regulaciones y control del tránsito vehicular, el control migratorio y/o aduanero, el control de salubridad y/o de adicciones, la confección y administración de documentos nacionales, y otras tantas actividades no-policiales.

A ello se añade el *mito organizacional* en cuyo marco se concibe y proyecta a la policía como la única institución portadora de las destrezas y capacidades para afrontar las complejas labores del control del delito. En ese sentido, se pierde de vista casi por completo dos consideraciones fundamentales. En primer lugar, que la policía constituye una institución integrada a una red de agencias y organizaciones estatales y sociales que intervienen de diferente manera y con distintos resultados en la prevención, conjuración, investigación y punición de los delitos y cuya interacción con la institución policial contribuye con su configuración y gravitación social. En segundo término, que la policía detenta una capacidad diferenciada y, en general, limitada para generar efectos preventivos, conjurativos y represivos concretos sobre la complejidad y diversidad de los delitos. Éstos constituyen un fenómeno sociohistórico que se manifiesta en una enorme variedad de modalidades fenomenológicas y que detenta una temporalidad y espacialidad altamente diferenciada. Además, los delitos derivan de un conjunto de condiciones sociales, culturales, económicas y/o políticas complejas y difícilmente abordables en toda su complejidad por la institución policial. En consecuencia, la incidencia efectiva que la policía detenta sobre esta realidad heterogénea y variada es también dispar y restringida tanto desde el punto de vista cognoscitivo como fáctico.

Finalmente, tiene una amplia difusión el *mito fáctico* mediante el cual se concibe que la seguridad pública se genera, produce y mantiene exclusivamente a través del uso de la fuerza. La seguridad pública queda asociada con la violencia estatal y con la represión, y se proyecta a la institución policial como el principal instrumento ejecutor de la misma. Ello convierte a la policía en una expresión concreta de la visión social imperante acerca de la fuerza y la represión. Sin embargo, con ello, no sólo se desconoce que la seguridad pública constituye un campo que se produce y reproduce a través de un conjunto complejo de interacciones en el que el uso de la fuerza como respuesta estatal a las violencias y agresiones existentes en la sociedad constituye una alternativa más de entre un amplio espectro de medios de intervención no violentos. Además, su frecuencia es episódica y excepcional, aun en situaciones de altos niveles de violencia social. También se pasa por alto que, en realidad, el uso concreto de la fuerza dentro de la institución policial es disperso, ocasional e inusitado, es decir, no constituye el medio predominante de manifestación del accionar de la policía en sus labores cotidianas. Inclusive, en instituciones policiales sobresalientemente abusivas y violentas, el uso de la fuerza y las manifestaciones de represión son hechos extraordinarios e inusuales.

Juntamente con estas miradas falaces, en los ámbitos políticos, sociales y académicos de América Latina, existe un acentuado *prejuicio negativo* hacia la policía. Las miradas predominantes acerca de esta institución se asientan casi exclusivamente tanto en sus prácticas abusivas y corruptas como en sus deficiencias y anacronismos organizacionales, cerrando de antemano la posibilidad de observarla con un sentido crítico y, desde allí, hacer posible un abordaje conceptual e interpretativo de sus basamentos doctrinales, organizativos y funcionales así como de sus configuración histórica y de su estructuración política y social. Por lo tanto, la policía ha constituido una *institución inexplorada* y alejada de la posibilidad de ser pensada como objeto de una reforma institucional integral, más allá de la reiterada proclamación de la necesidad de introducir cambios en su interior.

Ello no es un atributo exclusivo de la región y de los tiempos actuales. Ya en 1970, Egon Bittner, uno de los más importantes estudiosos de la institución policial de los Estados Unidos, proclamaba con una sorprendente claridad que la reforma policial en su país hacía indispensable que se superara la condena negativa y las actitudes hostiles que había hacia la policía de parte del mundo académico, judicial y de algunos sectores sociales, particularmente, las minorías étnicas y los grupos juveniles. Bittner apuntaba, con esa pretensión, a *conocerla integralmente* ya que la policía se mostraba extremadamente cerrada a la observación externa. Por cierto, aquella imagen negativa no era desacertada ni era infundada. En aquella época y en esos lugares, al igual que actualmente en nuestros países, los abusos y los hechos de corrupción cometidos por la policía eran una manifestación recurrente y generalizada del trabajo policial, lo que alentaba la percepción política y social de que dicha agencia no estaba adecuadamente preparada para enfrentar el conjunto de tareas que se le adjudicaba institucionalmente y que se le demandaba socialmente. En ese marco, para Bittner, puesto que el *"problema policial"* constituía una cuestión fundamental en la opinión pública, existían condiciones adecuadas para producir reformas *"de largo alcance y de grandes consecuencias"*, para lo cual era necesario tener un abordaje completo y exhaustivo de la institución policial y de sus prácticas y, en ese marco, de conocer *"lo que necesita ser hecho"* y *"cómo debe ser hecho"*. Pero ello, como hoy aquí, requería superar las ignorancias y las miradas prejuiciosas, abandonando las *"idealizaciones programáticas falaces"*, en palabras de este brillante estudioso norteamericano.[5]

En fin, estos mitos y prejuicios impiden conocer las tendencias y parámetros institucionales que signan a la institución policial en América Latina. Dar cuenta de ello resulta imprescindible para abordar la cuestión de la reforma policial.

2. Policialización de la seguridad pública

La policía es el reflejo de las sociedades y de los sistemas políticos en los que se constituye y funciona como tal. Resulta de la compleja trama de relaciones sociales y de prácticas que se reproducen tanto en el contexto social y político en cuyo marco se estructura como en el interior de su organización.

---

[5] Bittner, Egon, "As funções da polícia na sociedade moderna: uma revisão dos fatores históricos, das práticas atuais e dos possíveis modelos do papel da polícia", en Bittner, Egon, *Aspectos do trabalho policial*, Edusp, São Paulo, 2003, pp. 94 y 95.

En la mayoría de los países de América Latina, las policías estructuraron sus basamentos doctrinales, sus esquemas organizacionales y sus prácticas funcionales en torno de un conjunto de *parámetros tradicionales* que resultó de un largo proceso histórico iniciado mucho antes de las últimas dictaduras o guerras internas por las que atravesaron –o atraviesan– algunos de ellos, períodos durante los cuales estas instituciones fueron pasivamente subsumidas en el sistema de "seguridad nacional" como instancias centrales del aparato represivo del Estado en general conducido por las Fuerzas Armadas. Aquellos parámetros tradicionales resultaron, más bien, de configuraciones y tendencias doctrinales, organizativas y funcionales iniciadas en el siglo xix al compás de la propia conformación de nuestros estados nacionales, y, de una manera u otra, se fueron reproduciendo a lo largo de todo el siglo xx y, particularmente, durante las últimas décadas. Es decir, estos parámetros no sólo no fueron revertidos a partir de los procesos de democratización iniciados o ampliados en los años '90 en numerosos países latinoamericanos o de los recientes desarrollos institucionales dados en contextos de guerra, sino que se apuntalaron y adquirieron nuevos ribetes al amparo, principalmente, de la *desatención política* de los mismos.

Por lo tanto, las actuales policías latinoamericanas resultaron de un conjunto de tendencias históricas que trascurrieron en un doble proceso institucional. Por un lado, durante los regímenes autoritarios y/o las guerras internas, las Fuerzas Armadas asumieron un férreo control de las policías y posicionaron a éstas como piezas e instancias claves del control y disciplinamiento represivo interno dirigido por las instituciones castrenses. Ello reforzó la impronta organizativa y funcional militarista que las policías ya habían adoptado desde sus propios orígenes decimonónicos. Y, por otro lado, durante los períodos democráticos posteriores, las sucesivas y diversas gestiones gubernamentales, indiferentes al desarrollo institucional de esas policías y reticentes a ejercer la dirección de las mismas, nunca llevaron a cabo ningún tipo de revisión o reconversión del perfil militarista que dichas instituciones habían asumido tanto en su interior como en su relación con el poder político y con la sociedad.

He aquí, pues, un aspecto institucional fundamental: *la enorme mayoría de los sucesivos y diversos gobiernos democráticos de la región, inclu-*

sive los actuales gobiernos de centro-izquierda, le otorgaron sin miramientos a las instituciones policiales la soberanía política para atender las cuestiones de la seguridad pública. La elaboración del cuadro de situación acerca de los conflictos y los delitos; el diseño y conformación de las instituciones policiales en cuanto a su estructura de personal, operacional e infraestructural; las modalidades de intervención preventiva o conjurativa sobre los conflictos y los delitos así como los medios y dispositivos utilizados para ello; la evaluación de los resultados; y el vínculo con otros actores institucionales –poder judicial, servicio penitenciario– y sociales, todos ellos aspectos constitutivos de lo que configura el *gobierno de la seguridad,* fueron *delegados* a las cúpulas policiales. Pero este proceso de *policialización de la seguridad pública* resultante del *desgobierno político* de ésta no solamente ha supuesto la apropiación policial de la gestión de la misma, dando forma con ello a una suerte de *gobernabilidad policial de la seguridad pública,* sino que, además, ha implicado la gestión autónoma de las propias instituciones policiales en cuanto al establecimiento de sus bases doctrinales, organizativas y funcionales, esto es, el *autogobierno policial* sin injerencia externa. Las instituciones policiales se reprodujeron sin ningún atisbo de autocrítica. Se perpetuaron manteniendo sus tradicionales *trazos organizacionales altamente militarizados* y conservando sus antiguos roles de *policías de Estado y para el Estado,* es decir, constituyéndose como organismos al servicio de los gobiernos estatales de turno, sobre la base de una concepción de la seguridad asentada en el deber de protección del Estado y no de los derechos y libertades ciudadanas.

3. Policías tradicionales y autogobierno policial

Estos complejos procesos favorecieron la *autonomización política de la policía,* permitiendo que ésta definiera sus propias funciones, misiones y fines institucionales independientemente de las orientaciones generales del gobierno, se proporcione sus propios criterios y medios para cumplirlos o alcanzarlos y, en ese marco, también estableciera los objetivos y orientaciones generales de la seguridad pública en su conjunto. De cara al interior de la agencia policial, ello apuntaló una marcada *independencia doctrinal, orgánica y funcional* en su desarrollo y proyección institucional frente al gobierno estatal y frente a la sociedad política y civil, y permitió que esta agencia actuara con frecuencia como si estuviera por encima y más allá de la autoridad constitucional del gobierno, protegiendo cada vez más sus logros e intereses autodefinidos y resistiendo con relativo éxito a todo tipo de iniciativa gubernamental tendiente a erradicar, reducir o cercenar dicha autonomía. Pero también favoreció el *autogobierno policial* en cuyo marco la institución policial contó con amplios márgenes de independencia para autogobernarse orgánica y funcionalmente y, desde allí, ejercer el gobierno de la seguridad pública general. En concreto, el abordaje y resolución de las problemáticas referidas a la violencia y el delito quedaron en manos exclusivamente de la agencia policial, la que gestionó este conjunto de asuntos de acuerdo con concepciones, formas de organización y modalidades de funcionamiento articuladas históricamente durante la última centuria.

Pese a la enorme diversidad de instituciones policiales existente en América Latina, éstas se estructuraron en torno de un conjunto de basamentos doctrinales, organizativos y funcionales muy específicos que le dieron un tono institucional distintivo asentado en dos características fundamentales. Por un lado, se constituyeron en *instrumentos institucionales de poder de los gobiernos de turno y, en particular, de sus propias cúpulas organizacionales* más que en instituciones ciudadanas. Y, por otro lado, se conformaron como *dispositivos de control político y/o disciplinamiento social* de sus comunidades o de parte de ellas –en general, de los sectores políticos opositores y/o de los estratos sociales vulnerables– más que como herramientas de protección ciudadana.[6]

En lo relativo a los *basamentos doctrinales*, en las instituciones policiales de nuestra región ha imperado monolíticamente una *concepción policialista* de la seguridad pública basada en la consideración de la policía como la principal o, mejor, como la única instancia con que cuenta el gobierno y la sociedad para conjurar al delito y mantener el orden público. Para la mayoría de los jefes policiales y demás integrantes de la

---

[6] Aquí sigo una descripción tipológica elaborada para dar cuenta de las bases organizacionales de las policías argentinas en un trabajo reciente de mi autoría. Tal como lo especifiqué allí, entiendo que los atributos doctrinales, organizativos y funcionales de las instituciones policiales argentinas son comunes, en un plano general, a la mayoría de las policías de América Latina. Al respecto, véase: Sain, Marcelo Fabián, *El Leviatán azul: policía y política en Argentina*, Siglo Veintiuno Editores Argentina, Buenos Aires, 2008, Cap. 3.

institución, la limitación de recursos así como la regulación o restricción de las facultades discrecionales de la policía para detener, interrogar o requisar personas determina, sin más, el crecimiento de la criminalidad, lo que ha conllevado a sostener que es la institución policial y su desempeño la principal causa del aumento o disminución del delito. En esa orientación, la seguridad frente al delito constituye, en verdad, una cuestión exclusivamente o, al menos, predominantemente policial.

Esto, a su vez, se complementó con la articulación de una *perspectiva belicista* muy corriente en el interior de la institución policial, en cuyo marco la labor conjurativa de la policía ante el delito fue sistemáticamente concebida como un combate o lucha contra el enemigo delincuente al que se lo debe eliminar o exterminar. La seguridad pública ha girado en torno de una *guerra entre policías y delincuentes* que se desenvolvió en un espacio social alterado o desestabilizado por el accionar delictivo sobre el que la policía debió reaccionar y que, en verdad, constituyó un verdadero *"campo de batalla"* cuyos contendientes excluyentes han sido, justamente, los delincuentes y la policía. La sociedad no fue más que un actor secundario y pasivo o, si se quiere, un mero espectador de una *"dialéctica de la guerra"* que, en el marco de esta visión castrense de la seguridad, fue reproducida por la policía con la intención de justificar y legitimar toda forma de *policiamiento bélico* centralmente asentado en el uso de la fuerza letal. Las labores de la policía en materia de prevención y conjuración del delito quedaron, así, atravesadas doctrinalmente por la *lógica de la guerra* y, a partir de ello, por la *exaltación de la violencia*.

Respecto de los *basamentos organizacionales*, el modelo tradicional ha supuesto la conformación de la institución policial como una *organización total y autorreferenciada* con ciertas particularidades institucionales. En primer lugar, dicha organización se estructuró sobre la base de la *unicidad funcional* dada por la concentración en una misma fuerza o cuerpo de las funciones, labores y estructuras operacionales y logísticas abocadas a la seguridad preventiva y la investigación criminal, bajo la conducción institucional y la dependencia orgánica de un único mando policial superior, con un exiguo o bajísimo nivel de diferenciación institucional entre ambas esferas en lo relativo a estructuras de mando, sistemas operacionales, agrupamientos y carreras profesionales y mecanismos de control institucional, aunque con un altísimo nivel de compartimentalización y separación funcional en lo relativo al trabajo policial de prevención y conjuración delictiva.

En segundo lugar, el modelo tradicional de policía enmarcó un pronunciado *concentracionismo decisional* dado por la existencia de una conducción policial única, centralizada y agrupada en un "Estado Mayor" de carácter castrense, con estructura cerrada, hiperjerarquizada. Esta cúpula ha sido responsable de la dirección integral y de la administración general de toda la institución, sin injerencia política o institucional de las autoridades gubernamentales del sector –aunque sometiéndose a los servicios políticos informales requeridos por éstas–, y sus decisiones y manifestaciones han constituido la expresión oficial del conjunto de la institución. Además, estas cúpulas institucionales han sido encabezadas por un "jefe" de policía y han estado conformadas, en sus instancias superiores, por un número reducido de altos oficiales que lo secundaron en las labores de dirección y administración general y que concentraron el conjunto de las decisiones fundamentales de la institución. No obstante, para el desarrollo de las labores de conducción, esas dependencias superiores han agrupado una enorme cantidad de dependencias administrativas y de recursos humanos compuestos básicamente por *personal policial uniformado y armado*.

En tercer término, otro rasgo organizacional del modelo tradicional estuvo dado por una suerte de *centralismo organizacional* en cuyo marco se conformaron instituciones altamente centralizadas sin ningún atisbo o modalidad organizacional de distribución espacial del mando o del funcionamiento institucional a través de diferentes instancias de desconcentración o descentralización. La estructura institucional resultante ha sido altamente burocratizada, macrocefálica, financieramente cara y, al mismo tiempo, sobrecargada de tareas y de labores administrativas, con instancias de dirección y mando superior carentes de información completa, actualizada y detallada sobre la propia institución, su desarrollo operacional y logístico, sus recursos humanos y, en particular, sobre las problemáticas delictivas y de la violencia que constituyen –o deberían constituir– el objeto de las estrategias de prevención, conjuración e investigación criminal llevadas a cabo por la propia policía. A su vez, esta impronta generó una notable rigidez organizacional y cercenó la posibilidad de estructurar un esquema institucional dinámico y polivalente en el desarrollo de las tareas policiales, puesto que impidió que la cúpula policial pudiera llevar a cabo un proceso integral y eficiente de toma de decisiones y de planificación y evaluación estratégico-operacional, en el marco de una organización que comprendía miles de efectivos y numerosas unidades operacionales abocadas a desarrollar sus actividades en vastas extensiones territoriales.

En cuarto término, el modelo tradicional de policía detentó un significativo nivel de *fragmentación funcional* entre las labores policiales básicas dadas por la producción de inteligencia criminal, las operaciones policiales y el desarrollo logístico e infraestructural. En las instituciones policiales tradicionales, ha existido una pronunciada separación organizativa y funcional entre estas instancias policiales nucleares, las que, en general, han sido desempeñadas por diferentes dependencias o direcciones orgánicas entre las que primó una notable fragmentación y compartimentalización institucional. Las unidades de inteligencia policial han contado con una estructura de mando y un sistema de trabajo propio y diferenciado de la estructura operacional de la institución policial. Sus labores generalmente se han restringido a un acopio no planificado de datos e información bruta –generalmente, provista por informantes vinculados con la policía– y casi nunca se han desarrollado en su ámbito las labores de análisis criminal necesarias para producir el cuadro de situación delictivo sobre la base del cual las unidades operacionales de la policía deberían planificar y llevar a cabo las acciones e intervenciones preventivas, conjurativas o investigativas. El vínculo entre las áreas de inteligencia policial y las unidades operacionales ha sido esporádico y se ha articulado en torno de relaciones personales más que de lazos institucionales.

En quinto lugar, el modelo tradicional se articuló sobre la base de un *régimen profesional militarista* signado por una carrera policial de corte netamente castrense. Las estructuras jerárquicas internas de la institución policial se han integrado desde sus orígenes, en el nivel de los mandos directivos, por el personal superior conformado por la oficialidad policial –oficiales superiores, oficiales jefes y oficiales subalternos– y, en el plano subordinado, por el personal subalterno conformado por la suboficialidad policial –suboficiales superiores, suboficiales subalternos, agentes y aspirantes o cadetes–. Ambas instancias han constituido compartimentos estancos que emularon las estructuras orgánicas castrenses basadas en la diferenciación entre la franja de miembros de conducción y el resto de la institución componente del escalón subordinado inferior.

Asimismo, casi sin excepción, las carreras profesionales se han estructurado como sistemas cerrados, estancos y con una impronta no asentada en parámetros de profesionalidad basados en el mérito y el desempeño policial. La dilución de la diferenciación entre los agrupamientos policiales básicos –operativo y de servicios– y, en su marco, la desnaturalización funcional del agrupamiento operacional mediante el desempeño de labores no-policiales de tipo administrativas, técnicas y de servicios por parte de numerosos efectivos pertenecientes a dicho agrupamiento; el predominio absoluto de la ocupación de los cargos orgánicos superiores o de dirección por designación discrecional de la cúpula sobre la base del criterio único del grado jerárquico; la impronta exacerbadamente piramidal de estructura jerárquica y de ejercicio de la superioridad sobre la base exclusiva del grado jerárquico, sumado a la excesiva cantidad de niveles jerárquicos existentes en cada categoría policial; la existencia de una carrera institucional marcadamente verticalista, con una única posibilidad de ascenso al escalón jerárquico superior asentada predominantemente en la antigüedad del personal y no en su capacitación o desempeño profesional; y un sistema de formación y capacitación policial rígido y funcionalmente estructurado en torno de la reproducción de las concepciones doctrinales, orgánicas y funcionales propias del modelo tradicional de policía, dieron forma a una organización de tipo castrense que resultó rígida, desprofesionalizada y fuertemente controlada desde la cúpula. La carrera profesional del policía estuvo determinada, así, por diferentes aspectos en gran medida ajenos a la especialización, la calidad del desempeño y la capacitación profesional.

Otro aspecto relevante del régimen profesional propio del modelo tradicional lo ha configurado el sistema de formación y capacitación policial. Éste, en general, ha sido estructurado sobre la base de la reproducción de los parámetros doctrinales, orgánicos y funcionales propios de aquel modelo tradicional de policía asentado en una concepción policialista de la seguridad pública y en la exaltación de la autonomía institucional y del autogobierno del sistema policial. De acuerdo con la consideración ampliamente extendida de que la formación policial de base inculca los valores, las orientaciones, los marcos de referencia cultural e institucional, las rutinas y los hábitos institucionales que se reproducirán a lo largo de toda la carrera profesional del policía, todo lo cual, por cierto, se ajustan a la legalidad y a las funciones institucionales de la policía, nuestras policías han secundarizado al destacamento o a las unidades policiales como el ámbito real y efectivo en el que, en verdad, se produce y reproduce la cultura y las prácticas policiales y han ocultado la incidencia determinante que el mando jerárquico tiene en la transmisión de los valores y hábitos policiales.

En sexto término, el modelo tradicional de policía ha supuesto también la existencia de un *sistema de control policial deficiente* caracterizado por la debilidad y la insuficiencia de los mecanismos y procedimientos efectivos para dar cuenta de la corrupción y los abusos institucionales, así como por la sujeción de dicho sistema al control y la manipulación de parte de la cúpula policial y su instrumentación como instancia de control de dicha cúpula sobre el resto de la institución. Dicho sistema de control no ha contado con mecanismos e instancias organizacionales abocadas específicamente a la elaboración y actualización permanente de un cuadro de situación de la corrupción y los abusos policiales a través de la recepción, sistematización y procesamiento de las faltas y/o delitos cometidos por el personal policial, el análisis cualificado de dicha información y la identificación de problemáticas disciplinarias y delictivas particulares que resulten recurrentes. Tampoco ha supuesto el estudio y análisis de las situaciones de riesgo que permitiesen identificar aquellos factores o condiciones institucionales y/o sociales que favorecen o determinan las diferentes modalidades de corrupción y abusos policiales que configuran las problemáticas disciplinarias y delictivas particulares, ni se han desarrollados programas o modalidades de intervención tendientes a actuar preventiva o conjurativamente sobre esos factores y condiciones institucionales y/o sociales. Otra carencia significativa estuvo dada por la falta de mecanismos de auditorías preventivas en cualquier dependencia o unidad de la institución policial, tendientes a prevenir faltas disciplinarias y actos de corrupción mediante la realización de inspecciones integrales o parciales, requerimientos de documentación o de cualquier otro elemento o solicitudes de informes, o, en su defecto, a realizar investigaciones preliminares –destinadas detectar e identificar la posible comisión de faltas y/o delitos en dependencias o unidades consideradas de riesgo o sobre la que existen elementos de convicción o situaciones de sospecha, e individualizar a sus presuntos autores y colectar, a través de averiguaciones y pesquisas preventivas– o investigaciones sustantivas de faltas y delitos que fueran denunciadas o conocidas de oficio.

Y, en séptimo lugar, el modelo tradicional de policía supuso una *estructura de personal irracional* signada por la existencia de una distribución deficiente de recursos humanos y por la ocupación de una parte significativa del personal policial, que debería haber estado abocado a las labores operativas de seguridad preventiva y compleja, en el desempeño de tareas no-policiales, tales como el desarrollo de labores administrativas –ya sea dentro de las estructuras superiores del mando policial, del ministerio del ramo o de otras dependencias de la administración pública o del poder judicial– o el cuidado de la seguridad personal de funcionarios judiciales, políticos, legisladores, dignatarios y otros. También se destinó una importante porción de efectivos a la custodia de personas detenidas –que se encontraban en situación de procesadas y hasta condenadas judicialmente– en locales policiales y a su traslado diario a diferentes sedes judiciales o sanitarias.

Finalmente, con relación a los *basamentos funcionales*, es decir, a las *prácticas policiales* regularmente desenvueltas por la policía, el modelo tradicional supuso el predominio de rutinas y hábitos caracterizados por un trazo *autoconservativo* centralmente orientados a desarrollar acciones claramente inscritas en una perspectiva belicista de control delictivo y a la preservación de la institución policial en forma autodefinida y autosustentada más que al desarrollo de una labor eficiente de protección ciudadana.

El policiamiento tradicional ha estado generalmente orientados al ejercicio de formas de *control social extrainstitucional* encaminadas principalmente a la inspección y disciplinamiento de todo tipo de conducta –en general, de acciones no-delictivas– inscritas en conceptos amorfos de salubridad y moralidad pública, o de diferentes formas de protesta o movilización social o de personas –mayormente, socialmente vulnerables– consideradas y estigmatizadas por la propia policía como "peligrosas" o proclives a cercenar el orden público, según una visión autoimpuesta de éste asentada, casi siempre, en una perspectiva marcadamente clasista, étnica, religiosa y/o racial. Vale decir, en el modelo tradicional, la policía, antes que centralizarse en el control de delitos, se autoproyectó como una instancia de resguardo institucional de una concepción de orden público no delimitado al sistema penal y de faltas positivo sino, más bien, determinado por los criterios de decencia pública y de buenas costumbres autodefinidos por la propia institución policial y generalmente expresados en resoluciones y normas administrativas adoptadas autónomamente por la misma.

Por su parte, el accionar policial tradicional, como derivación de las concepciones decimonónicas de la guerra, ha estado signado por un trazo marcadamente *territorialista* en cuyo marco las labores de seguridad llevadas a cabo por la policía eran eficientes y disuasivas del delito si implicaban una plena ocupación del espacio territorial por parte de un número elevado de policías desarrollando tareas de vigilancia y control mediante intervenciones reactivas y no mediante operaciones planificadas sobre la base de la recolección y el tratamiento analítico de información fidedigna sobre la dinámica delictiva.

Ante el aumento delictivo, la labor policial quedó vinculada, de este modo, con la instalación de nuevas dependencias y unidades así como al aumento de la dotación del personal policial y a la ampliación de la infraestructura de movilidad operacional –vehículos y otros medios de locomoción–, en procura de la "saturación" de la presencia policial en la vía pública, pero nunca a nuevas modalidades de policiamiento focalizado asentado en una apreciación adecuada y actualizada de las diferentes problemáticas delictivas sobre las que debe actuar una policía.

Asimismo, las modalidades tradicionales de trabajo policial han conllevado, además, el predominio de una forma de *policiamiento disuasivo y reactivo* centralmente basado en el uso directo y masivo de la fuerza como metodología sobresaliente de acción institucional y siguiendo criterios de "mano dura". La asimilación de la prevención policial con la *"disuasión"* ha determinado que el accionar policial se traduzca predominantemente en intervenciones reactivas sólo posibles a través de la presencia de un número elevado de policías en la calle más que en acciones planificadas sobre la base de la recolección y el tratamiento analítico apropiado de información fidedigna sobre el delito.

La modalidad de policiamiento reactivo y de choque ha constituido un marco determinante para la configuración del *uso regular y directo de la fuerza* como método predominante de intervención policial. La organización y el funcionamiento policial estuvieron orientados al desenvolvimiento de un accionar esencialmente coercitivo frente al delito. Éste ha sido entendido como una disfunción, anomalía o epidemia desestabilizadora de la vida social sobre la que debe reaccionar la policía, presentando a la sociedad como un *"campo de batalla"* cuyos actores excluyentes son, justamente, los delincuentes y la policía. La comunidad no es más que un actor secundario y pasivo o, si se quiere, un mero escenario en cuyo centro se desarrolla la *dialéctica de la guerra* que, en el marco de esta visión castrense de la seguridad, ha servido para justificar y legitimar toda forma de policiamiento de choque y violento.

Una de las expresiones más significativa de estas prácticas son las razzias u ocupaciones policiales de barrios pobres y altamente marginalizados, desarrollando tácticas militares y llevando a cabo acciones o enfrentamientos armados propios de la invasión militar de territorios.

Ello, por su parte, ha creado condiciones propicias para la producción sistemática de *formas abusivas de violencia policial*. Ésta, en algunos casos, se manifestó a través de actuaciones premeditadamente arbitrarias e ilegales y, en otros casos, no fue más que la consecuencia no buscada de la impericia policial.[7] Los abusos y extralimitaciones que resultan de la utilización innecesaria de la fuerza por parte de la policía en el cumplimiento de sus tareas preventivas o investigativas en general no

---

[7] James Fyfe distingue adecuadamente entre la violencia policial que es *"extralegal y abusiva"* de aquella violencia que es *"simplemente el resultado innecesario de la incompetencia policial"*. Según este autor, esta distinción es esencial dado que ambos tipos de violencia responden a diferentes causas y motivaciones. Mientras la violencia extralegal supone el *"uso premeditado e injusto de la fuerza de parte de los agentes policiales, quienes conscientemente sobrepasan los límites de sus cargos"*, la violencia innecesaria ocurre cuando *"agentes bien intencionados se muestran incapaces de enfrentarse con situaciones sin utilizar el recurso de la fuerza en forma innecesaria y apresuradamente"* (en: Fyfe, James, "The Split-Second Syndrome and Other Determinants of Police Violence", en Dunham, Roger y Alpert, Geoffrey, *Critical Issues in Policing. Contemporary Readings*, Waveland Press, Inc., Illinois, 1997, p. 531).

han sido vividos como tales por parte de los agentes policiales que los protagonizaron y, en la mayoría de las ocasiones, esta forma de accionar violento es considerada como un medio legítimo y necesario tanto para el desempeño de sus labores como para la obtención de resultados positivos en sus funciones. Por lo tanto, en el interior de la institución policial, esta modalidad abusiva de actuación se ha convertido para sus integrantes en una práctica habitual y válida que ha sido transmitida y socializada de manera institucional y sistemática dentro, todo lo cual fue apuntalado por la ausencia de una política planificada de formación y capacitación permanente del personal policial y por la falta de dispositivos integrales de control de la legalidad y del desempeño institucional de la policía.

Por su parte, en el policiamiento tradicional, la postulación y legitimación del uso abusivo de la fuerza innecesaria alentó la reproducción sistemática de *formas de violencia ilegal*, lo que favoreció la dilución del límite entre el delito y la actividad policial, entre los delincuentes y la policía, ya que habilitó la utilización de medios ilegales como forma ordinaria de desempeño de las labores policiales habituales, tales como la construcción de versiones falsas de los acontecimientos protagonizados por la policía en el desempeño de sus funciones preventivas o investigativas; el ocultamiento, destrucción o la fabricación de pruebas y evidencias tanto para incriminar personas inocentes como para desincriminar policías o personas protegidas sospechadas de la comisión de delitos; la falsificación o manipulación de testimonios o la preparación de testigos; la intimidación, la amenaza y la represalia sobre testigos o víctimas; la efectivización de apremios y torturas sobre personas imputadas de delitos o sobre inocentes; la desaparición o ejecución de personas; los robos o hurtos de objetos o propiedades, entre otras manifestaciones.

Asimismo, la recurrente estructuración de prácticas policiales asentadas en el empleo regular de estas formas de violencia ilícita ha contribuido, por cierto, a la conformación de una modalidad de *policiamiento regulatorio del delito* mediante la participación policial directa e indirecta en actividades ilícitas desenvueltas por delincuentes ocasionales o profesionales o por diversas organizaciones o grupos criminales, mediante el desarrollo de diferentes formas de complicidad, encubrimiento y protección a dichas actividades y sus autores o a través de la intervención regular de policías en los mismos, conformando de este modo un verdadero *sistema institucional paralelo y subterráneo* en el que se institucionaliza *"la pena de muerte (ejecución sin proceso), desapariciones, torturas, secuestros, robos, botines, tráficos de tóxicos, armas y personas, explotación del juego, de la prostitución, etcétera"*.[8]

Por su parte, el corolario más significativo del policiamiento regulatorio del delito ha sido el establecimiento de un circuito estable de *autofinanciamiento ilegal de la policía* generado en un conjunto de dádivas y fondos provenientes de diversas actividades irregulares o delictivas permitidas, protegidas o llevadas a cabo por los propios agentes policiales. Tradicionalmente, estos fondos derivaron del cobro de cánones o sobornos provenientes de la prostitución, el juego clandestino y de ciertas actividades irregulares o ilegales como las desarrolladas por los vendedores callejeros o ambulantes, las adivinas o los encargados o propietarios de prostíbulos, albergues transitorios o lugares nocturnos sin autorización legal de funcionamiento. Sin embargo, más recientemente, el financiamiento ilegal de las policías también se ha alimentado mediante el cobro de coimas, las extorsiones, los robos o hurtos menores y, en particular, mediante actividades delictivas complejas tales como el tráfico y comercialización de drogas, el robo calificado de vehículos o de mercancías en tránsito, los asaltos a entidades bancarias o a transportes de caudales, el secuestro de personas, el tráfico ilegal de personas y la esclavización de otras para el negocio de la prostitución, es decir, actividades inscritas en la criminalidad organizada. El significativo despliegue territorial de este conjunto de actividades, el establecimientos de ciertos lugares y zonas identificables como bases operativas y logísticas para su desarrollo, la intervención en ellas de diferentes grupos y subgrupos delictivos encargados del desenvolvimiento de las distintas funciones de la organización y el gran desarrollo operativo, logístico y de inteligencia de las bandas que lo protagonizan permiten deducir que el crecimiento y la consolidación de este tipo de criminalidad ha sido favorecido directa o indirectamente por la regulación policial, ya sea por impericia, por complicidad o por intervención directa en el negocio delictivo.

---

[8] Zaffaroni, Eugenio Raúl, *Derecho penal. Parte general*, Ediar, Buenos Aires, 2000, p. 24.

En gran medida, este sistema de financiamiento subterráneo, sumado a la *corrupción institucional* derivada de la malversación de fondos públicos o de los "retornos" provenientes de los proveedores del Estado, ha complementado o suplantado el financiamiento legal de la policía y, en ese sentido, ha servido para encubrir ciertos anacronismos e insuficiencias del gasto público específicamente destinado a la misma, especialmente, a los salarios, los recursos operativos y las inversiones de infraestructura necesarios para el funcionamiento integral de la institución.

En efecto, al amparo del requerimiento político y de la demanda social, la enorme cantidad y diversidad de actividades administrativas y operativas que concretamente desarrolla la institución policial requiere de un despliegue infraestructural y funcional de tal envergadura que, en la mayoría de los casos, no es costeado con el gasto estatal formalmente asignado a la institución. Ello, sumado a la vigencia de un régimen y de una escala salarial insuficiente para que los policías afronten cotidianamente sus labores sin necesidad de mantener un "doble empleo" real o de manera encubierta prestando servicios adicionales al trabajo ordinario y a una subcultura institucional proclive a la corrupción institucional, ha favorecido la conformación y expansión del autofinanciamiento ilegal de la institución.

En consecuencia, una porción significativa de la recaudación ilegal de la policía ha estado destinada a afrontar la *insuficiencia de fondos presupuestarios* mientras que el resto ha estado orientado al *enriquecimiento ilícito* de las cúpulas institucionales y de algunos pocos sectores influyentes de la fuerza.

4. Colapso institucional de la policía tradicional

El conjunto de tendencias tradicionales que signaron los basamentos doctrinales, organizativos y funcionales del modelo tradicional imperante en la mayoría de las policías latinoamericanas ha impedido el cumplimiento integral del mandato institucional fundamental de toda policía basado en la protección de las personas y, en ese sentido, ha convertido más recientemente a dichas agencias en *instituciones deficientes* a la hora de desarrollar estrategias integrales de control del delito en un escenario institucional democrático. Durante los últimos años, se ha puesto en evidencia que la mayoría de las policías de la región son portadoras de un *profundo anacronismo y desactualización orgánica, funcional y doctrinal*, lo que, en gran medida, ha favorecido la *reproducción institucional de prácticas policiales alejadas de la legalidad* y el *mantenimiento de un sistema de regulación directa e indirecta de ciertas actividades delictivas por parte de algunos integrantes o grupos componentes del propio sistema policial*.

Así y todo, estas policías cumplen, en general, con su cometido de control del delito o, al menos, de cierta gama de delitos, en particular, de aquellos delitos violentos cometidos en la vía pública, tales como hurtos y robos a mano armada. En otras palabras, desarrollan una labor institucional que incide, *de alguna manera*, sobre la problemática delictiva y lo hace atenuándola, previniéndola y conjurándola con mayor o menor eficiencia. En ese sentido, contribuyen –a veces de manera efectiva y otras de forma simbólica– con la conformación de cierta sensación de seguridad y protección. Asimismo, desarrollan predominantemente un conjunto de tareas referidas al cuidado de la paz social y al orden público así como un amplio espectro de labores colaterales o ajenas al control del delito pero que tiene un notable efecto social. Esas labores implican la regulación y resolución de conflictividades menores y ciertas prácticas de asistencialismo social que, en verdad, insumen el mayor esfuerzo de la institución policial en materia de recursos humanos y operacionales.

Además, en la mayoría de los casos, estas instituciones policiales desarrollan sus funciones y labores sin poseer los medios y la infraestructura adecuados a un trabajo policial eficiente, y su personal no cuenta con la formación y la capacitación apropiadas para ello ni recibe una retribución salarial acorde con la labor que desarrollan cotidianamente ni a la demanda social que pesa sobre su trabajo habitual, todo lo cual contribuye sensiblemente a ahondar la crisis institucional en ciernes. Casi siempre, el gasto estatal destinado a financiar a las policías no resulta suficiente para costear el amplio espectro de tareas que desarrollan, lo que supone que, en general, estas instituciones cuentan con recursos y fondos no provistos presupuestariamente sino derivados de la corrupción resultante de la permisión de actividades irregulares o de la protección o participación en negocios delictivos.

Aun así, la sutil percepción social de que sin instituciones policiales, e inclusive sin *estas* instituciones policiales, la conflictividad violenta o la criminalidad escalaría a niveles socialmente intolerables parece una apreciación adecuada y le otorga a la policía, quizás, el margen de maniobra necesario para que persista como organización relevante en nuestras sociedades. Este hecho da cuenta de que, *pese a todo, sin policía no hay posibilidad de articular un escenario social en el que tengan vigencia algún grado de seguridad pública.*

En efecto, la policía constituye un recurso institucional elemental para formular y llevar a cabo políticas eficientes de seguridad pública perfiladas al control del delito. Sin dudas, éstas deben estructurarse fundamentalmente en torno de *estrategias de prevención social de la violencia y el delito* que apunten a abordar y resolver –en la coyuntura y en el mediano y largo plazo– las situaciones de riesgo y las condiciones culturales, económicas e institucionales que determinan o favorecen aquellas problemáticas. Pero dichas intervenciones también deben ser complementadas con *estrategias eficientes de prevención y conjuración policial* de aquellas manifestaciones delictivas de la violencia y la ilegalidad tan extendida en nuestro país, que vulneran sensiblemente derechos y libertades ciudadanas elementales.

En este contexto se inscribe la necesidad de emprender procesos de *modernización policial* que, dadas las tendencias institucionales descritas anteriormente, deben asentarse en la conformación de una *nueva configuración institucional* es decir, de una nueva *estructura doctrinal, organizativa y funcional.*

5. La militarización de la seguridad pública en América Latina

Las Fuerzas Armadas de América Latina tienen una larga tradición de intervención en asuntos de seguridad interna. Pero dicha tradición se ha desarrollado históricamente en el marco de los procesos de clivaje civil-militares que combinaron gobiernos democráticos o semidemocráticos con gobiernos militares surgidos y desarrollados en el marco de regímenes autoritarios. Sólo algunos países de la región fueron una singular excepción a esa combinación (Venezuela, Colombia). En otros, en los que las dictaduras castrenses tuvieron una envergadura transformadora inusitada y dieron lugar a herencias institucionales significativas, el poder autonómico o conservativo de los militares se reprodujo y ello permitió perpetuar a las Fuerzas Armadas como un verdadero actor político con incidencia determinante en el ámbito de la seguridad interna. En casi todos estos países, las instauraciones democráticas posteriores a las dictaduras o a los procesos de guerras internas dieron lugar a procesos institucionales en los que las Fuerzas Armadas conservaron algunas funciones y roles en materia de seguridad interna.

No obstante, durante la última década, el crecimiento y la diversificación de los delitos en nuestros países y la consecuente ubicación de la problemática criminal y de la inseguridad como una cuestión social y política relevante, favoreció el posicionamiento de las Fuerzas Armadas como una alternativa viable para afrontar al delito. En este marco, si bien la democratización de los sistemas políticos de la región es un hecho general y, en su marco, también lo es el "retorno" de las Fuerzas Armadas a los cuarteles, en algunos de estos países, la injerencia de estas instituciones en labores de seguridad interior vinculadas con el control de ciertas modalidades del delito ha sido creciente, en particular, en materia de control del narcotráfico.[9]

En Colombia y México, la participación militar en asuntos de seguridad pública ha adquirido un grado de centralidad fundamental en la materia,[10] del mismo modo que una década atrás lo fue en Perú.[11] En la actualidad, en México y en Colombia, las Fuerzas Armadas constituyen la principal institución encargada de las estrategias de conjuración de

---

[9] Para una visión general de la militarización de la lucha contra las drogas ilegales en América Latina, véase: Wola, *¿Peligro inminente? Las FF.AA. de Estados Unidos y la guerra contra las drogas*, Tercer Mundo editores, Bogotá, 1993; y Youngers, Coletta y Rosin, Eileen (eds.), *Drogas y democracia en América Latina. El impacto de la política de los Estados Unidos*, Wola y Biblos, Buenos Aires, 2005.

[10] Para el caso colombiano, véase: Vargas Velázquez, Alejo (ed.), *El papel de las Fuerzas Armadas en la política antidrogas colombiana: 1985-2006*, Universidad Nacional de Colombia/ Grupo de Investigación en Seguridad y Defensa, Bogotá, 2008. Para el caso mexicano, véase: Astorga, Luis, *El siglo de las drogas. El narcotráfico, del Porfiriato al nuevo milenio*, Plaza y Janés, México, 2005; Astorga, Luis, *Drogas sin fronteras: los expedientes de una guerra permanente*, Grijalbo, México, 2003; Astorga, Luis, *Seguridad, traficantes y militares. El poder y la sombra*, Tusquets Editores México, México, 2007; y Flores Pérez, Carlos Antonio, *El Estado en crisis: crimen organizado y política. Desafíos para la consolidación democrática*, Tesis de Doctorado, Programa de Posgrado en Ciencias Políticas y Sociales, Facultad de Ciencias Políticas y Sociales, Universidad Nacional Autónoma de México, México, 2005, Cap. 4.

[11] Basombrio, Carlos, "La militarización de la seguridad pública en el Perú", en Frühling, Hugo y Tulchin, Joseph (Eds.), *Crimen y violencia en América Latina. Seguridad ciudadana, democracia y Estado*, Fondo de Cultura Económica, Bogotá, 2005.

los grupos políticos ilegales armados y/o de la criminalidad organizada articulada en torno del narcotráfico. En Brasil, ha sido creciente la incorporación de unidades militares de combate en la prevención, vigilancia y neutralización del accionar de grupos narcotraficantes que detentan una enorme capacidad de desestabilización urbana y que superan ampliamente el esfuerzo policial por poner coto a ello.[12] En Centroamérica, ocurre algo parecido ante el fenómeno marero y del narcotráfico. En Ecuador, Venezuela y Bolivia, además de estos designios, se añade la proyección militar como instrumento de estabilización institucional ante conflictos y problemáticas de seguridad interna generados por sectores claramente desestabilizantes de la oposición. Sólo los países del Cono Sur parecen exentos de estos nuevos aires.[13]

El repudio social y político generalizado a la intervención militar en asuntos de seguridad interna durante los años '80 y '90 se asentaba en una visión crítica del pasado autoritario de la región o de las masivas violaciones a los derechos humanos cometidas por las Fuerzas Armadas durante las guerras civiles o las dictaduras pasadas. Pero más recientemente, este repudio comenzó a diluirse en el nuevo contexto vigente de nuestros países en los que, como se dijo, han sido significativo *"el aumento de los delitos violentos, la proliferación de armas de grueso y bajo calibre, la percepción de corrupción e ineficacia del accionar policial y de la justicia, así como la exigencia ciudadana por respuestas efectivas"*, todo lo cual ha favorecido que en muchos de ellos *"la ciudadanía confía en los militares y considera que pueden ser mucho más efectivos en el control de la delincuencia"*.[14]

Para Dammert y Bailey, el reposicionamiento social y político de los militares responde a tres razones fundamentales. En primer lugar, se ha

---

[12] Véase: Rizzo de Oliveira, Eliézer, "Brasil: respuestas del sector de seguridad a las amenazas irregulares", en Perales, José Raúl (ed.), *Reforma de las Fuerzas Armadas en América Latina y el impacto de las amenazas irregulares*, The Woodrow Wilson International Center for Scholars, Washington, 2008; Zaverucha, Jorge, "La militarización de la seguridad pública en Brasil", en revista *Nueva Sociedad*, Buenos Aires, N° 213, enero-febrero de 2008; Zaluar, Alba, "Urban violence and drug warfare in Brazil", en Konnings, Kees y Kruijt, Dirk (eds.), *Armed Actors. Organized Violence and State Failure in Latin America*, Zed Books, London / New York, 2004; y Garzón, Juan Carlos, *Mafia & Co. La red criminal en México, Brasil y Colombia*, Editorial Planeta Colombiana, Bogotá, 2008.

[13] Dammert, Lucía y Bailey, John, "¿Militarización de la seguridad pública en América Latina?", en revista *Foreign Affairs En Español*, abril-junio de 2007.

[14] *Ibíd.*

conformado una *"percepción ciudadana"* que valora de las Fuerzas Armadas *"su profesionalismo, su mayor presencia disuasoria y mejores entrenamiento y disciplina"*. La mengua de los conflictos armados entre los países latinoamericanos, la activa participación de numerosas Fuerzas Armadas de la región en misiones internacionales de paz, la drástica disminución presupuestaria de algunas instituciones castrenses y la recurrente intervención militar en labores sociales han favorecido la percepción ciudadana positiva respecto de las instituciones militares de la mayoría de los países de la región. En segundo término, ha habido una fluida interacción entre las Fuerzas Armadas de numerosos países de la región con las agencias de inteligencia y las instituciones policiales nacionales o extranjeras, en función de afrontar las nuevas problemáticas del terrorismo o de la alta criminalidad organizada, en particular, en aquellos países en los que *"el crimen organizado es designado oficialmente como amenaza a la seguridad nacional, lo que implica una importante función de las Fuerzas Armadas"* (Colombia, México y América Central). Y, en tercer, lugar, el significativo aumento de la criminalidad y *"la importancia que representa la inseguridad para la población latinoamericana; preocupación que coloca a la delincuencia entre los dos o tres temas principales de debate durante las elecciones presidenciales en prácticamente todos los países de la región"*. Ello, asimismo, está sensiblemente ponderado por la difundida percepción de que parte de los gobiernos y de las instituciones policiales y judiciales abocadas a los asuntos de seguridad pública *"no funcionan o están infiltradas por el crimen"*. Todo esto, en suma, apuntala la *"participación militar en las políticas de seguridad pública"*.[15]

No obstante, en casi todos los países latinoamericanos en los que esta participación ya se ha efectivizado, sea de manera episódica o sea de forma regular, existe un aspecto común dado por la *debilidad y/o insuficiencia institucional del sistema policial doméstico para afrontar de manera eficiente a las diversas y complejas problemáticas criminales*. Al contrario, en aquellos países de la región (como los del Cono Sur) en los que el sistema policial no se encuentra operativamente rebasado por la criminalidad o no ha sido cooptado mediante el soborno por la delincuencia organizada de alta rentabilidad, la participación militar

---

[15] *Ibíd.*

en estos asuntos es prácticamente inexistente y la proclamación a favor de ello es exigua, aun existiendo aquellas condiciones señaladas por Dammert y Bailey.

De todos modos, este proceso de relativa militarización de la seguridad interna de la mayoría de los países de la región se está produciendo en un contexto político e institucional novedoso. Tal como lo destaca Pion-Berlin, *"la era de los golpes militares puede haber concluido, pero no ha terminado la era de la intervención militar"*, aunque la misma se desarrolla bajo circunstancias y características diferentes de las vigentes otrora. *"Los militares latinoamericanos se han involucrado en numerosas funciones, pero lo han hecho a pedido, y no en contra, de los funcionarios elegidos democráticamente, y con mucha frecuencia"*, destaca el académico norteamericano. En efecto, la mayoría de los gobiernos democráticos de la región, inclusive aquellos de signo centro-izquierdista, han ordenado la intervención de las Fuerzas Armadas para afrontar un conjunto amplio de *"problemas internos de índole social, económica y física, al tiempo que la amenaza de golpe militar se ha disipado"*, pero *"los militares no han transformado las misiones internas en poder político, tampoco han traducido su creciente rol en la seguridad interna y el desarrollo en un derecho permanente a formular o vetar decisiones políticas, o a designar o desplazar a líderes políticos"*.[16] Es decir, no se han convertido en actores políticos autónomos sino en instrumentos institucionales de los gobiernos democráticos en el control del delito.

Por su parte, otro aspecto fundamental de la militarización de la seguridad pública en la región está dado por la intervención directa de las Fuerzas Armadas en actividades y procedimientos puntuales de control del delito o en la asunción regular de parte de éstas de funciones de carácter policial sino en el desarrollo por parte de unidades y cuerpos policiales de acciones y operaciones de tipo militar para afrontar las actividades de grupos criminales organizados –en general, dedicados al narcotráfico– que se adueñan de determinados espacios o poblaciones y ejercen un control fáctico efectivo sobre los mismos.[17] En estos escena-

---

[16] Pion-Berlin, David, "Militares y democracia en el nuevo siglo. Cuatro descubrimientos inesperados y una conclusión sorprendente", en revista *Nueva Sociedad*, Buenos Aires, N° 213, enero-febrero de 2008, pp. 53-56.

[17] Según el especialista Santiago Escobar, este tipo de intervenciones, cada vez más generalizadas en las grandes ciudades de América Latina, está dando lugar a uno de los cambios

rios, que generalmente tienen lugar en los sectores altamente marginalizados de la mayoría de las grandes urbes de América Latina, las fuerzas policiales llevan adelante verdaderas *incursiones bélicas* en cuyo marco desarrollan ataques y agresiones armadas contra territorios y vecindarios que son considerados objetivos a aniquilar y devastar. Se trata de tácticas castrenses de combate desarrolladas sobre un enclave enemigo en el que el núcleo a conjurar no solamente está dado por los grupos criminales que gravitan o dominan el lugar sino por los habitantes y residentes de esos espacios que son observados por las "fuerzas del orden" como actores peligrosos e instancias cómplices o favorecedoras del negocio criminal, pero que, en verdad, son víctimas de los grupos delictivos y de las intervenciones bélicas de las policías también.

Soares y Guindani describen este conjunto de operaciones castrenses llevadas a cabo por la policía carioca sobre las favelas de Rio de Janeiro como operativos en los que las fuerzas actuantes incursionan de noche, no toman prisioneros ni aceptan la rendición de sospechosos, dando forma así a verdaderos *"genocidios"* que resultan de una *"política deliberada de exterminio, ilegal y arbitraria, basada en la creencia de que le corresponde a la policía identificar al sospechoso, juzgarlo, sentenciarlo a la pena capital y ejecutarlo, todo en un mismo momento"*.[18] Esta lógica de exterminio es la misma que se replica en el resto de las ciudades latinoamericanas en donde estas tácticas castrenses se desenvuelven recurrentemente, tal como ocurre en São Paulo, Santo Domingo, San Salvador, Guatemala y otras urbes.

---

institucionales más importantes de las policías de nuestros países, en particular, mediante la adopción soterrada pero creciente de nuevos basamentos doctrinales, organizativos y operacionales de carácter militar. Las consideraciones efectuadas en este trabajo con relación a estas modalidades de militarización son recipiendarias de las reflexiones, siempre profundas e inteligentes, efectuadas por Escobar en el *Seminario Internacional "Reforma policial, ciudadanía y democracia"*, organizado por *Nueva Sociedad* y *Friedrich Ebert Stiftung* y desarrollado los días 30 y 31 de marzo de 2009 en Bogotá, Colombia.

[18] Soares, Luiz Eduardo y Guindani, Miriam, "La tragedia brasileña: la violencia estatal y social y las políticas de seguridad necesarias", en revista *Nueva Sociedad*, Buenos Aires, N° 208, marzo-abril de 2007, p. 62.

Capítulo II
El progresismo y la reforma policial

"[…] El nuevo 'populismo penal' […] es una demagogia que explota el sentimiento de venganza de las personas, pero, políticamente hablando, es una nueva forma de autoritarismo. La violencia aumenta porque aumentó la miseria. Los años 90 fueron los años del festival del mercado: los pobres quedaron más pobres y algunos ricos, aunque no todos, más ricos. Los mismos autores de esa política de polarización de la sociedad son los que hoy piden más represión sobre los sectores vulnerables de la población. Quieren más muertos y, entre infractores y policías, más 'guerra'. Al final, ellos son invulnerables a esa violencia. La 'guerra' que piden es la 'guerra' entre pobres. En la medida en que los pobres se maten entre sí, no habrá condiciones de tomar conciencia de su circunstancia social y, menos aún, política. El peligro para los reaccionarios no es la muerte en la 'favelas' [villas miserias], ni la muerte de los 'favelados' [villeros], ni la muerte de los policías, sino el riesgo de que los pobres se junten y tomen conciencia de la trampa penal. […]. [Frente a esto], la izquierda tiene miedo; sabe que la imputación de la derecha a ella es siempre de ser desordenada y caótica. Por causa de eso, para obtener el voto de la derecha, procura proveer una imagen de orden. Al final, la izquierda es usada, porque el reclamo por venganza no tiene límites y porque la seguridad pública jamás puede ser absoluta […]".

Zaffaroni, Raul, "A esquerda tem medo, não tem política de segurança pública", en *Revista Brasileira de Segurança Pública*, São Paulo, N° 1, 2007, pp. 131 y 132.

1. Contrapuntos y similitudes entre las derechas y las izquierdas

La seguridad pública y en especial, los asuntos policiales no ha sido un tema en el que los sectores políticos progresistas o de centro-izquierda de América Latina se hayan sentido cómodos. Y casi siempre asumieron posturas políticas puntualmente reactivas frente a las orientaciones e iniciativas que la derecha postuló o tradujo en políticas concretas.

La gran mayoría del espectro político y social de la región valida la posición de las derechas que considera y proyecta a las instituciones policiales como la principal –y, a veces, única– instancia de resolución, contención y/o neutralización de la alta conflictividad y, en especial, de la compleja problemática criminal observada en nuestras sociedades. Como ya se dijo, ello da forma a una *concepción policialista* en cuyo marco se coloca a las instituciones policiales como el eje central de las políticas de seguridad pública y como el principal instrumento con que cuenta el Estado y la sociedad en su conjunto para afrontar a los delitos. En ese marco, el inusitado crecimiento del delito responde o es favorecido fundamentalmente por la ineficiencia o la debilidad de las instituciones policiales que derivan principalmente de las limitaciones legales y materiales a la que dichas instituciones fueron sometidas sin miramientos desde las instauraciones democráticas por los sucesivos gobiernos civiles, bajo el influjo de numerosos partidos políticos progresistas, organizaciones sociales populares y organismos de derechos humanos. Sin una policía con amplias facultades discrecionales para intervenir en la vida social y sin la dotación de personal y de medios técnicos necesarios para saturar el espacio público, el delito inevitablemente crece, lo que, según esta visión, no ha sido claramente comprendido por los dirigentes políticos y sociales democráticos. Los controles legales, administrativos, jurisdiccionales y sociales que recayeron sobre la labor policial durante los últimos años cercenaron la capacidad de las policías y su eficiencia para afrontar los desafíos impuestos por delincuentes cada vez más violentos, organizados y profesionales. En definitiva, para ellos, la democracia ha debilitado a la policía, generando las condiciones favorables para el crecimiento de los delitos. Amplia discrecionalidad y bajo grado de controles son sinónimos de eficiencia policial.

Esta concepción sirvió para reclamar ciertas reformas en el sistema penal y en las instituciones policiales. Con relación al sistema penal, se exalta al unísono la necesidad de emprender un proceso de amplias reformas en la legislación penal centrada en el incremento de las penas para los delitos comunes y violentos, la criminalización de nuevas conductas y la anulación de ciertas normas y garantías procesales en materia penal que, según aducen, constituyen verdaderas limitaciones e impedimentos para el desarrollo de estrategias exitosas de lucha contra el delito, ya que son, más bien, recursos al servicio de la delincuencia. De este modo, le atribuyen a las normas penales una exacerbada impronta disuasiva o conjurativa de los delitos y de los delincuentes.

Por su parte, esa impronta punitiva centra su atención exclusivamente en los delitos violentos y/o en los delitos contra la propiedad, generalmente cometidos por delincuentes rústicos pertenecientes a las clases bajas. Y, en ese marco, es habitual el reclamo por criminalizar a los delitos de esta índole cometidos por menores, proclamando una serie de reformas penales basadas en la baja de la edad de imputabilidad penal y demandando una respuesta estatal fuertemente represiva sobre esas clases y, en particular, sobre los menores delincuentes, todo ello, en un clima signado por la legitimación de *políticas de mano dura contra el crimen*.

Con relación a las instituciones policiales, proclaman y demandan con vehemencia el desarrollo de reformas policiales asentadas en el aumento de las prerrogativas discrecionales de la policía y hasta reivindican el uso de la fuerza extralegal como modalidad predominante y legítima de actuación policial, tomando a toda forma de control sobre la policía como un verdadero obstáculo para su labor eficiente y, en consecuencia, como un beneficio para el delito. Proyectan, así, a la policía como el instrumento punitivo de las imprescindibles políticas de mano dura contra el crimen, ya que a éste, en definitiva, se lo "combate" con una policía fuerte y sin controles. Por lo tanto, las reformas penales postuladas como necesarias no son más que una condición necesaria para estas políticas. *Derecho penal del enemigo y policía brava* constituyen, así, los pilares conceptuales básicos de la derecha política latinoamericana en materia de seguridad pública para lograr *"ley y orden"*.

Lo cierto es que, como lo destaca el especialista brasileño Marcos Rolim, las respuestas *"por derecha"* a los dilemas y desafíos impuestos en materia de seguridad pública en la coyuntura actual de América Latina cuentan con un enorme consenso social y aceptación política. Lo notable es que dicho consenso parece estar incólume pese a *"los sucesivos fracasos que ha tenido la aplicación de estas recetas"*. En su opinión, ello *"expresa una demanda represiva inédita, multiplicada por medios de comunicación extremadamente irresponsables y especializados en convertir la violencia en espectáculo"*, en un contexto en el que *"los políticos tradicionales, como es su costumbre, actúan en sintonía con los prejuicios instalados en la sociedad, [y] vuelven a proponer y a exigir más «rigor», expresión que raramente es algo más que un eufemismo por la propuesta de «más violencia contra los delincuentes»".*[19]

Ante los idus de la derecha, la izquierda reformista de América Latina contrapone una *concepción crítica* que considera que la alta conflictividad social y, en particular, el aumento del delito responden, más bien, a la extensión de la violencia social que deriva del crecimiento de la pobreza, la marginalidad y la desintegración social. En ese sentido, las instituciones policiales resultan instancias inútiles para contener y resolver aquellas problemáticas sociales, las que sólo pueden ser abordadas por las agencias estatales dedicadas a las políticas tendientes a revertir el enorme deterioro social y, con ello, a desarticular las causas sociales de los delitos. Además, dados los altos niveles de corrupción existente en su interior y el predominio entre sus miembros de formas abusivas y violentas de actuación, la policía es, más bien, una fuente de delito, en particular, de delitos de alta rentabilidad económica. En efecto, para esta concepción crítica, al tiempo que el aumento del delito común y violento es el producto de las nuevas condiciones sociales signadas por la desagregación comunitaria observada en los últimos años, aquellas actividades delictivas inscritas en la criminalidad organizada de alta rentabilidad económica –en general, estructuradas en torno de modalidades diversas de tráficos ilegales y conformación de mercados ilegales– se han extendido significativamente al amparo del control y la regulación policial.

De este modo, para la izquierda reformista, la política de seguridad posible y deseable se debe articular en torno de un conjunto de intervenciones orientadas a *reformar la sociedad*. Dado que la violencia y los delitos derivan de los profundos procesos de desigualdad, explotación, pauperización y desagregación social que impacta más severamente en los estratos bajos y medios de nuestras sociedades, las estrategias de

---

[19] Rolim, Marcos, "La seguridad como desafío moderno a los derechos humanos: el caso brasileño", ponencia presentada en el *Seminario Regional "Institucionalidad pública en ámbito de la seguridad ciudadana: experiencias de gobierno en los países del Cono Sur"*, organizado por la *Friedrich Ebert Stiftung (FES-Chile)*, Santiago, Chile, 20 y 21 de julio de 2006, pp. 4 y 5.

seguridad pública deben perfilarse a producir una serie de reformas estructurales que incidan sobre esas "causas", sin más. En un extremo, se ha sostenido como postulación casi única que la reversión de esta situación crítica sólo llegará mediante el *"cambio de las estructuras sociales"* vigentes o, al menos, a través del logro de elevados niveles de integración social, de pleno empleo y/o de la estructuración de un Estado benefactor como otrora, sin tener muy en cuenta que, aun con todo ello, difícilmente pueda superarse el grado de diferenciación y complejidad que han adquirido nuestras sociedades y que está en la base de la conflictividad existente en ellas.

Ello, por cierto, hace inviable cualquier política de seguridad pública porque impide intervenir sobre la fenomenología del conflicto en el mediano plazo, lo que excluye de antemano toda iniciativa tendiente a prevenir socialmente situaciones de violencia o delitos y contribuye a mantener incólume el monopolio policial sobre estos asuntos. Al respecto, una vez más Rolim destaca el exacerbado *reduccionismo* de la izquierda, ya que *"si el problema mismo era percibido como un síntoma de contradicciones más profunda, entonces, ¿por qué perder tiempo atacando lo secundario?"*. Ello *"cavó una fosa entre las izquierdas y el tema de la seguridad, porque negó la atención de una propuesta propia"*, dado que impidió que *"desde las posiciones más progresistas se dialogue con las víctimas del crimen y de la violencia, aumentó la distancia histórica entre la izquierda y las policías y dejó el terreno de la seguridad libre e indefenso para que la hipótesis represiva avance y se consolide como «pensamiento único», inclusive en el imaginario popular"*.[20]

Ahora bien, en sus expresiones más elocuentes, tanto la derecha como la izquierda reformista de la región tienen algunos aspectos en común. En primer lugar, ambas visiones no prestan atención ni abordan heurísticamente a la *problemática criminal* en toda su complejidad, es decir, su dinámica y diversidad, sus referencias territoriales, sus desarrollos y tendencias históricas, sus diferentes factores determinantes y condicionantes y su impacto y efectos sobre la situación de inseguridad objetiva y subjetiva de nuestras sociedades. En la perspectiva de la derecha, los delitos y sus aumentos derivan de las garantías penales y los

---

[20] *Ibíd.*, p. 6.

controles sobre la policía impuestos por la democracia y, en ese sentido, son la única justificación para endurecer la reacción policial y penal del Estado. En la perspectiva de la centro-izquierda, en cambio, el crecimiento delictivo no es más que un mero reflejo del crecimiento de la pobreza y la indigencia cuya policialización equivaldría a criminalizar a los pobres e indigentes. No obstante, ninguna de ambas orientaciones distingue la enorme diversidad de facetas que posee la problemática delictiva y no reconocen los distintos factores sociales, económicos, culturales e institucionales que la determinan en ciertos contextos históricos ni los efectos que dichas problemáticas generan en la vida institucional, cultural, social y económica de nuestro país. Ello, por cierto, impide la formulación y desarrollo de cualquier tipo de intervenciones integrales tendientes a abordar y enfrentar eficientemente la cuestión criminal y su carácter multifacético.

En segundo término, tampoco ninguno de estos dos enfoques ha hecho un *abordaje integral de la institución policial*. Ello les ha impedido dar cuenta del núcleo central del problema institucional de la policía que está dado por las *deficiencias organizativas y funcionales* que portan dichas instituciones para cumplir con su labor de prevención e investigación de los delitos y de hacerlo de manera eficiente y de acuerdo con los valores democráticos. La derecha, al postular la necesidad de reforzar los poderes discrecionales de la policía sin introducir cambios en sus formas tradicionales de funcionamiento y organización, profundiza tales anacronismos y desajustes, obviando u ocultando premeditadamente al hecho de que gran parte de los delitos cometidos y de las actividades criminales de alta complejidad y de amplia rentabilidad económica se llevan a cabo como consecuencia de la ineficiencia policial o, peor aún, de la complicidad, protección y hasta participación de algunos uniformados en esos hechos y actividades, lo que en los últimos tiempos ha adquirido una envergadura inusitada en nuestros países. Entretanto, la izquierda no incursiona en el interior de la institución policial ni tiene en cuenta que su estructura organizativa y sus dinámicas funcionales así como sus basamentos doctrinales y sus concepciones culturales determinan el conjunto de prácticas y acciones producidas y reproducidas por sus integrantes, inclusive sus comportamientos abusivos y hasta delictivos, desatendiendo la posibilidad de que las autoridades gubernamentales retomen el control de la seguridad pública y, en su marco, ejerzan la conducción de las instituciones policiales y favoreciendo, así, el hecho de que la policía siga gobernando estos asuntos con un alto nivel de autonomía.

Además, este autismo institucional hacia la policía compartido por ambas concepciones impide apreciar que el nivel de eficiencia y efectividad con que esta agencia lleva a cabo la prevención o conjuración de hechos delictivos no determina el volumen, la envergadura ni la diversidad del delito en un contexto social determinado, ya que ello deriva de un conjunto de condiciones sociales, culturales y políticas sobre los cuales el grado de incidencia que detenta la policía es parcial, acotado y diferenciado. Dicha incidencia varía según una serie de factores entre los que cabe mencionar el nivel de conflictividad social violenta existente en una sociedad; el grado de apego a las normas y a las disposiciones institucionales legítimas por parte de los diferentes estratos sociales; el nivel de gobernabilidad estatal derivada de la eficiencia administrativa y de gestión así como de la legitimidad social del gobierno; el volumen, la envergadura y la diversidad del delito en dicha sociedad; la eficiencia y eficacia organizativa y funcional de la institución policial, entre otras condiciones.

En tercer lugar, ninguno de estos enfoques ha prestado atención a las *condiciones políticas de los asuntos de la seguridad pública* y, en particular, a la relación tradicionalmente articulada entre los gobiernos y las instituciones policiales. La ignorancia acerca de estos aspectos y, en particular, de la significativa incidencia que sobre la policía tiene la orientación política de los gobiernos democráticos en materia de seguridad pública, sus discursos públicos y reservados y sus modalidades de gestión institucional, han ido creando las condiciones para que la policía se apropiara del gobierno de la seguridad pública. Pero, en el marco de ese analfabetismo institucional, ninguna de ambas posturas pudieron percibir que esa apropiación policial no resulta del impulso corporativo y faccioso de las policías sino de la recurrente tendencia de las autoridades gubernamentales democráticas a *delegar* ese mando en los uniformados, dejando a ellos la dirección, administración y control integral de los asuntos de la seguridad pública y de sus propias organizaciones.

Este vacío político es favorable a las aspiraciones de la derecha de perpetuar y/o expandir el gobierno policial sobre los asuntos de la seguridad pública y, en su marco, a sostener respuestas represivas asentadas en una suerte de populismo punitivo exacerbado. Por su parte, la izquierda, que siempre ha manifestado un recurrente desdén por conocer y entender a las instituciones policiales, pierde de vista la necesidad de introducir profundos cambios en las mismas a los efectos de adecuarlas a políticas de seguridad democráticas y de hacerlas eficientes en el control y resolución de los delitos. E incurre en este desatino sin considerar que las instituciones complejas y con fuerte impronta corporativa, como lo son nuestras policías, que no son gobernadas por los dirigentes democráticos, se autogobiernan de acuerdo con criterios autodefinidos que, en este caso, casi nunca van a tono con el apuntalamiento de una situación de seguridad democrática y que terminan favoreciendo su instrumentalización política por parte de la derecha.

2. El progresismo reformista en la seguridad pública

En este marco general, a partir de los años '90, ciertas expresiones del progresismo de la región colocó a las problemáticas de la seguridad pública como un asunto político preocupante y de relevancia. A partir de ello, surgieron una serie de manifestaciones tendientes a producir una serie de *reformas institucionales* en este campo, entre ellas, la *reforma de la policía*.

Las propuestas de reforma policial que se fueron planteando en los países de la región por esos años *sólo* fueron formuladas por los sectores progresistas. Las derechas no se manifestaron sensibles a ese conjunto de reformas sino que postularon, más bien, el reforzamiento del poder policial como un eje básico de las políticas de mano dura que fueron reiteradamente proclamadas por estos sectores. Fue exclusivamente en la amplia esfera del progresismo latinoamericano que se expusieron las diferentes estrategias y acciones de reforma policial en la región.

Sin embargo, estos primeros tanteos estuvieron signados por una orientación *parcial* y *acotada* de reforma policial. Ésta debía apuntar centralmente a reducir, contener o fiscalizar significativamente la impronta represiva y corrupta que, casi naturalmente, caracterizaba a las instituciones policiales de la región. Para ello, los referentes de esta orientación le fueron dando forma a un *modelo de reforma policial* asentada en dos tipos de cambios fundamentales.

En primer lugar, la reforma policial debía tener como un componente básico una serie de *cambios organizacionales* centrados en dos ejes. Por un lado, la conformación de un sistema integral de *control interno de los abusos y la corrupción policiales*. Y, por otro lado, la reestructuración del sistema de *formación y capacitación policial*.[21]

Bajo la importante influencia de los organismos de derechos humanos que tempranamente se dedicaron al tema, se postuló con énfasis la necesidad de conformar un nuevo conjunto de *mecanismos y procedimientos de control interno* que garanticen que las faltas disciplinarias y los delitos cometidos por policías en el ejercicio de sus funciones sean adecuadamente conocidos, investigados y juzgados tanto por las autoridades administrativas como por la justicia penal ordinaria, respectivamente. Además, dichos dispositivos debían ser gestionados y aplicados internamente por una instancia funcionalmente autárquica y autónoma con relación a las autoridades políticas y policiales de conducción y debía garantizar la defensa del imputado, la contradicción y la recurribilidad de las decisiones administrativas allí producidas. Con ello, se garantizaría la adecuación permanente y efectiva de la actuación policial a los principios básicos de legalidad propios de un Estado democrático de derecho durante el ejercicio de sus tareas tanto dentro de la propia organización policial como con relación a los ciudadanos en general, evitando la comisión de hechos abusivos, extrainstitucionales y hasta delictivos, o asegurando su mínima expresión.

Asimismo, se postuló la necesidad de emprender una serie de profundos cambios en la *formación y capacitación de la policía*, introduciendo los principios democráticos y humanistas en las academias policiales. La redefinición de las bases curriculares y de los sistemas pedagógicos de las escuelas y centros policiales abocadas a la formación inicial y de base de los cadetes y aspirantes sentarían los basamentos institucionales de una nueva profesión policial, una nueva cultura institucional y darían lugar a la socialización de prácticas institucionales superadoras de los recurrentes abusos de poder cometidos por numerosos policías mediante actos de corrupción o el uso excesivo o ilegal de la fuerza.

---

[21] Frühling, Hugo, "La reforma de la policía y el proceso de democratización", en Frühling, Hugo y Tulchin, Joseph (Eds.), *Crimen y violencia…*, *op. cit.*

En definitiva, estos cambios organizacionales en materia de control interno y educación policial permitirían conformar –con sus lógicos contratiempos– una nueva policía, otorgándole a esos cambios una incidencia determinante en la articulación de las nuevas prácticas institucionales que día a día llevan a cabo los policías.

Sin duda, la importancia de tales aspectos y cambios en cualquier proceso de reforma policial es significativa e innegable, pero no se observó debidamente que las prácticas policiales, en verdad, se reproducen y validan fundamentalmente en el ámbito de las diferentes dependencias funcionales y unidades operacionales de la agencia policial, las que, en general, mantienen una interacción institucional con el dispositivo de control de asuntos internos o con la academia policial más bien débil y, a veces, inexistente. Un policía bien formado y bien controlado seguramente será un mejor policía que otro que no lo está. Pero en el marco de organizaciones complejas, resulta erróneo sostener que las personas que reciben una mejor educación o que son sometidas a mejores controles en el desempeño de sus tareas pueden, sin más, ser capaces de llevar a cabo cambios en las prácticas que los involucra. Es sociológicamente imposible modificar el trabajo policial cotidiano, esto es, las rutinas y las significaciones de los policías, mediante reformas más o menos profundas en el sistema de control de asuntos internos y de educación policial. La incidencia de los cambios organizacionales formulados podría ser significativa si forman parte de un conjunto de reformas sustantivas de las bases doctrinarias, organizacionales y funcionales de la policía real. Pero sin estas reestructuraciones, aquellos cambios parecen meras mudanzas formales, todo lo cual no fue debidamente sopesado por el reformismo progresista en su oportunidad.

En segundo término, la reforma policial debía contextualizarse en un cambio profundo de la relación entre el Estado y la sociedad centrado en la articulación de instancias de *participación de la comunidad en los asuntos locales de la seguridad pública*. En este entendimiento, la articulación colectiva y la participación comunitaria tendrían una fuerte impronta democrática, garantizarían un eficiente control social sobre la institución policial y sobre las autoridades políticas, asegurarían una gestión integral y democrática de las conflictividades locales y quebrarían, con ello, tanto el monopolio policial en el gobierno de la seguridad pública como el desempeño abusivo o deficiente de la policía. De este modo, se posicionó y proyectó a la participación ciudadana en asuntos locales de la seguridad y, particularmente, en el control del desempeño policial como una instancia disparadora de una serie de cambios institucionales tendientes a lograr prácticas policiales más eficientes y ajustadas a la legalidad. En definitiva, el fomento de la participación ciudadana en asuntos de seguridad pública estuvo orientado a provocar una ruptura organizacional en la policía que favorecería la conformación de una institución más eficiente y honesta.

No obstante, este ideario se asentó en una noción de sujeto comunitario y de participación ciudadana en los asuntos de seguridad pública que no resultó cierta. El profundo proceso de desintegración, fragmentación y marginalización de vastos sectores de nuestras sociedades así como la ausencia de instancias y actores colectivos populares con capacidad para combinar y agregar intereses e intermediar con las agencias gubernamentales obstruyeron la efectivización de una intervención social autónoma en la gestión de los asuntos locales de la seguridad pública, en particular, entre los sectores sociales más vulnerables y altamente victimizados por la violencia. Además, los movimientos sociales y los nuevos actores colectivos emergentes tuvieron una orientación profundamente contestataria, antiestatista y antipolicialista, es decir, fueron contrarios a intervenir en los foros y juntas de seguridad que fueron conformados. Las experiencias de participación ciudadana en seguridad pública fueron predominantemente llevadas a cabo por sectores sociales medios y altos y, en su mayoría, tuvieron una impronta singularmente autoritaria y policialista, con reivindicaciones tangibles a favor de políticas de "mano dura" y de criminalización de los asentamientos y las villas miserias, lugares a los que se observaba como "aguantaderos" y "fábricas de delincuentes".

Por su parte, otras orientaciones progresistas y democráticas postularon a partir de los años '90 la necesidad de producir cambios institucionales en las policías de América Latina a partir del enfoque anglosajón de *"policía comunitaria"*.[22] En esa orientación, se indicó que la participa-

---

[22] Eck, John y Rosenbaum, Dennis, "The New Police Order: Effectiveness, Equality and Efficiency in Community Policing", en Rosenbaum, Dennis (ed.), *The Challenge of Com-*

ción comunitaria en los asuntos locales de la seguridad ciudadana y la conformación de una policía comunitaria, no solamente haría posible el control social del desempeño de las policías y facilitaría la intervención de las organizaciones comunitarias y vecinales en la administración de estos asuntos, sino que, además, permitiría estructurar un sistema policial eficiente en la prevención delictiva y en el mantenimiento de la paz social junto con la comunidad y se convertiría en el principio de un proceso de reforma policial efectiva. Según uno de los principales referentes del policiamiento comunitario en América Latina, Hugo Frühling, este modelo supone ciertas características básicas, tales como el policiamiento preventivo en áreas geográficas muy reducidas; el establecimiento de relaciones estrechas entre la comunidad y la policía en función de consultar a aquélla en torno de los problemas que la atañen; la intervención de la comunidad en la labor policial preventiva; y el involucramiento de la policía en el estudio de las condiciones y circunstancias que favorecen los conflictos y la delincuencia en el ámbito local.[23]

Así, el modelo de policía comunitaria no sólo requiere de nuevas estrategias policiales sino también de un nuevo enfoque institucional y de una nueva estructura orgánico-funcional. En lo relativo al aspecto organizativo, la policía comunitaria implica un cambio profundo en la organización del sistema policial poniendo especial énfasis en la descentralización operativa, la delegación de responsabilidades de planeamiento y conducción táctica y el desarrollo de nuevas formas de evaluación del desempeño policial. Y con relación al funcionamiento policial, semejante emprendimiento conlleva la ampliación del mandato policial tradicional basado en las labores de prevención y conjuración delictiva y el mantenimiento del orden público a la resolución de los problemas de la comunidad que inciden directa o indirectamente en la situación de seguridad local; el desarrollo de nuevas modalidades de intervención policial vol-

---

munity Policing: Testing the Promises, Sage, Thousand Oaks, 1994; Brodeur, Jean-Paul, *Como reconhecer um bom policiamento: problemas e temas*, Edusp, São Paulo, 2003; y Lab, Steven y Das, Dilip (eds.), *International Perspectives on Community Policing and Crime Prevention*, Prentice Hall, New Jersey, 2003.

[23] Frühling, Hugo, "La policía comunitaria en América Latina: un análisis basado en cuatro estudios de caso", en Frühling, Hugo (ed.), *Calles más seguras. Estudios de policía comunitaria en América Latina*, BID, New York, 2004. Este texto constituye un buen trabajo de descripción y evaluación de las experiencias de policiamiento comunitario en América Latina.

cadas a un enfoque proactivo más que reactivo y enfatizándose las causas por encima de las consecuencias de la violencia y el delito; la selección especializada del personal policial y su capacitación como servidor público y gestor social, además, de agente encargado del mantenimiento del orden público; la interacción funcional permanente con la comunidad en la identificación y solución de sus principales problemas y, en particular, aquellos que suponen manifestaciones de violencia y la criminalidad así como en la evaluación del desempeño de los actores comprometidos en el proceso comunitario; el establecimiento de mecanismos de cooperación, coordinación e intervenciones conjuntas con el gobierno local o con las agencias locales del gobierno estadual o nacional; la inserción e intervención del accionar policial en las políticas locales de desarrollo social; y la obligación de rendir cuentas de las labores policiales a las autoridades políticas locales y a la comunidad.

Al respecto, las experiencias de policiamiento comunitario en América Latina han tenido una aceptación positiva por parte de las comunidades y las policías intervinientes, particularmente, porque se ha logrado disminuir la sensación de inseguridad imperante en los lugares donde se desarrollaron, se ha generado un acercamiento activo entre policía y comunidad y se ha permitido mejorar la imagen social de la policía. Sin embargo, han sido experiencias extremadamente acotadas en el tiempo y han estado limitadas a secciones o áreas muy limitadas de las instituciones policiales en cuyo marco se desenvolvieron. No han supuesto ni han desencadenado reformas o cambios organizacionales en dichas policías, han sido mayoritariamente resistidas por los mandos superiores y el involucramiento del grueso de los policías en estas iniciativas ha sido endeble, en gran medida como consecuencia de la falta de capacitación del personal y de adaptación organizacional a la iniciativa. Tampoco han supuesto la intervención de todos los actores comunitarios o instancias públicas del ámbito en el que tuvieron lugar ni ha sido persistente en el tiempo la participación comunitaria que sirva de apuntalamiento de esta nueva forma de intervención institucional, especialmente, entre los sectores sociales más vulnerables.[24]

---

[24] *Ibíd.* Véase también: Kahn, Tulio, *Velha e nova polícia. Polícia e políticas de segurança pública no Brasil atual*, Sicurezza Editora, São Paulo, 2002; Smulovitz, Catalina, "Policiamiento

3. Los gobiernos de centro-izquierda y la reforma ausente

A lo largo de las últimas dos décadas, se llevaron a cabo en la región iniciativas de reforma institucional de diversa índole y envergadura. Algunas pocas de ellas implicaron la conformación de nuevas instituciones policiales –El Salvador, Guatemala–, mientras que otras supusieron procesos reformistas de las instituciones policiales existentes, ya sea bajo la conducción de las mismas cúpulas policiales –Colombia, Chile– o sea bajo la dirección de las autoridades gubernamentales del sector –provincia de Buenos Aires–. En algunos casos, consistieron en procesos profundos y, en otros, se materializaron en medidas puntuales y acotadas.[25]

Todas estas iniciativas fueron llevadas a cabo o fueron apoyadas –técnica y políticamente– por académicos y políticos progresistas, pero, en general, estuvieron ausentes en las orientaciones en materia de seguridad pública que guiaron a los gobiernos de centro-izquierda de Néstor Kirchner (2003-2007) y Cristina Fernández (desde 2007), en la Argentina; Luiz Inácio Lula Da Silva (desde 2003), en Brasil; Ricardo Lagos (2000-2006) y Michelle Bachelet (desde 2006), en Chile; y Tabaré Vázquez (desde 2005), en Uruguay. En efecto, hasta ahora, *el progresismo no signó el horizonte conceptual y político de estas gestiones gubernamentales de centro-izquierda.* En el caso de Bolivia y de Ecuador, sí *se formularon agendas generales inscritas en el progresismo pero los constreñimientos estructurales que pesan sobre estos países impidieron su traducción en políticas o acciones efectivas.*

Por cierto, los gobiernos de centro-izquierda de la Argentina, Brasil y Chile y Uruguay *no protagonizaron gestiones progresistas en materia de seguridad pública.* No sólo no han llevado a cabo gestiones audaces y reformistas en la materia sino que, además, no han desarrollado políticas o acciones institucionales sustancialmente diferentes de las desenvueltas otrora por los sectores políticos del centro o de la derecha en sus respectivos países. Y en cuanto a la policía, estas administraciones fueron profun-

comunitario en Argentina, Brasil y Chile: lecciones de una experiencia incipiente", en Bobea, Lilian (ed.), *Entre el crimen y el castigo. Seguridad ciudadana y control democrático en América Latina y el Caribe*, Nueva Sociedad, Caracas, 2003; Rico, José María y Chinchilla, Laura, *Las reformas policiales en América Latina: situaciones, problemas y perspectivas*, Instituto de Defensa Legal, Lima, 2006; y Tellería Escobar, Loreta, *Construyendo una policía comunitaria. La experiencia de tres departamentos de Bolivia*, Observatorio de Democracia y Seguridad, La Paz, 2008, Cap. 1.

[25] Frühling, Hugo, "La reforma de la policía...", *op. cit.*

damente conservadoras y se mostraron renuentes a emprender procesos reformistas a tono con el ideario progresista en la región. Al contrario, cuando tuvieron que afrontar situaciones críticas, fueron abiertamente proclives a reforzar el poder de sus respectivas instituciones policiales y a delegarles sin muchos tapujos el gobierno de la seguridad pública.

En estos países, había condiciones favorables al despliegue de una política progresista. A diferencia del caso boliviano, ecuatoriano y paraguayo, en ellos, las limitaciones estructurales derivadas de una ingobernabilidad recurrente y/o de una conflictividad social y política de gran envergadura han sido inexistentes. En consecuencia, los márgenes de maniobra para emprender una política reformista han sido amplios.

Sin embargo, las expectativas generadas en torno de ello se desvanecieron apenas iniciaron sus respectivos mandatos gubernamentales. Todas estas administraciones desestimaron la formulación de una *agenda reformista en asuntos de seguridad pública*. Algunas prometieron llevar a cabo reformas institucionales en la materia durante la campaña electoral pero ello quedó en una mera promesa incumplida. Tampoco desarrollaron *acciones institucionales reformistas* que apuntaran a fortalecer las estructuras de gobierno y de gestión política de la seguridad pública; a brindar las condiciones institucionales necesarias para favorecer la participación social y comunitaria en la gestión local de la seguridad pública; o, al menos, a introducir algunas reformas parciales en las instituciones policiales, apuntando a producir mayores controles a los abusos y la corrupción, a descentralizar las rígidas estructuras organizacionales, a transformar sus academias de formación, o a instituir iniciativas de policía comunitaria. Como se vio, estos ejes constituyeron proclamas recurrentes del progresismo en la región pero fueron ignorados de manera supina por todas estas administraciones. Más gravoso aún resultaron los vacíos institucionales de estos gobiernos en la conformación de dispositivos gubernamentales orientados al desarrollo de estrategias de prevención social –no penales– de la violencia y el delito en orden de reducir sus riesgos o su gravedad.[26] En este campo se

---

[26] Cusson, Maurice, Tremblay, Pierre, Biron, Louise, Ouimet, Marc y Grandmaison, Rachel, *La prévention du crime. Guide de planification et d'évaluation*, École de criminologie de la Université de Montréal, Montréal, 1994.

concretaron algunas iniciativas pero que resultaron parciales y acotadas frente a la envergadura de las problemáticas sociales que determinan situaciones de violencia en nuestros países. Y, finalmente, ante crisis y presiones sociales de las clases medias de estos países, todos estos gobiernos articularon *discursos contradictorios e imprecisos en materia de seguridad*, misturando postulaciones y gestos propios del ideario progresista con muecas y prácticas cercanas a las orientaciones derechistas reivindicatorias de la mano dura y del populismo penal.

Se trató de un estruendoso *fracaso político* si se tiene en cuenta que, en estos países, ningún actor político o social relevante ha planteado una demanda maximalista a favor de que estos gobiernos de centro-izquierda produjeran en poco tiempo cambios y reformas institucionales totales en temas de seguridad pública. Ello hubiera constituido un reclamo inconsistente e injustificado. Tampoco existieron en ellos impedimentos y limitantes que hayan imposibilitado que estas administraciones emprendieran estrategias reformistas incipientes o fueran ganando paulatinamente capacidad de gestión política sobre estos asuntos. No obstante, nada de ello ocurrió y, en la actualidad, la Argentina, Chile, Uruguay y Brasil no cuentan con estructuras sólidas de gestión política en materia de seguridad; no poseen sistemas de gestión social preventiva de violencias y delitos; se perpetúan instituciones policiales deficientes y cruzadas por abusos y corrupciones; y no existen condiciones que hagan posible políticas integrales en seguridad pública.

En cambio, Evo Morales (desde 2006), en Bolivia; y Rafael Correa (desde 2007), en Ecuador, sí han formulado orientaciones reformistas en materia de seguridad y, en ese marco, han proclamado la necesidad de llevar a cabo cambios institucionales muy profundos en la materia, pero proyectaron los mismos en el marco de la reforma constitucional. Ambos países detentan una evidente *debilidad institucional* en materia de gobierno de la seguridad y atraviesan por *situaciones de conflictos y violencias desestabilizantes* provocadas por sectores de la oposición, en particular, en Bolivia. Es decir, los gobiernos de centro-izquierda de estos dos países poseen constreñimientos estructurales que no están presentes en la Argentina, Brasil, Chile y Uruguay.

Sin embargo, pese a esas limitaciones y en función de su superación, las administraciones gubernamentales boliviana y ecuatoriana han postulado como necesaria la reforma policial pero han considerado que ella debe ser antecedida de una amplia reforma institucional asentada en un cambio legal de base y en la conformación de carteras ministeriales sólidas y dotadas de los recursos organizacionales y humanos indispensables para emprender una gestión estratégica en el sector.

El caso de Fernando Lugo (desde 2008), en Paraguay, es diferente porque aún se encuentra en una etapa de exploración acerca de los lineamientos que signarán su gestión en materia de seguridad pública. Allí también la debilidad institucional en materia de gobierno de seguridad es pronunciada y el nuevo gobierno paraguayo no cuenta con una dotación de cuadros de gestión capacitados para llevar a cabo una agenda reformista integral en la materia.

Capítulo III
La reforma policial en América Latina

"Un análisis panorámico de la institucionalidad de la seguridad pública en América Latina y el Caribe muestra gran dinamismo en las reformas legales en la última década. En general, dichas reformas han tendido a regular su dependencia, escalafón, y estructura orgánica de las policías. [No obstante] se mantiene el carácter militarizado de las mismas y una definición de funciones que tiende a ser amplia, más que focalizada o limitada. Se advierte, asimismo, áreas de acción conjunta con las Fuerzas Armadas en lo concerniente a narcotráfico y orden público. Existen en la mayoría de los países mecanismos internos de control y *accountability* aunque muchos otros presentan bajos niveles de control externo a la función policial. El poder legislativo tiene muy bajos niveles de intervención y fiscalización en el campo de la seguridad pública en la mayoría de los países. Una de las áreas donde más se muestra la autonomía policial es en los temas relativos a presupuesto, funciones operativas, adquisiciones, elaboración de la doctrina institucional, gestión de recursos humanos y ascensos y bajas que dependen de las propias policías en la mayor parte de los casos, y los presupuestos son elaborados y propuestos por las propias policías, sin existir mecanismos intermedios a nivel ministerial de definición de objetivos y control de metas presupuestarias. De esta forma se plantean algunos desafíos centrales que debieran ser enfrentados en el corto plazo para lograr un significativo avance en el Estado de derecho en la región así como niveles de eficiencia y efectividad mayores en las tareas de prevención y control del delito".

Dammert, Lucía y Zuñiga, Liza, "Autonomía profesional y liderazgo civil en las policías de América Latina y del Caribe", en *Revista Brasileira de Segurança Pública*, São Paulo, Nº 2, 2007, pp. 60 y 61.

La *reforma policial* es una *tarea pendiente* para las democracias latinoamericanas. Y, quizá, lo sea porque implica un cambio institucional mucho más amplio y complejo que la mera mudanza doctrinaria, organizacional y funcional de la institución policial. Por cierto, *reformar la policía supone reformar la política* o, más bien, *reestructurar las modalidades tradicionales de vinculación establecidas entre las dirigencias políticas de nuestros países y, más específicamente, las autoridades gubernamentales, por un lado, y la institución policial, por el otro,* asumiendo explícitamente que una política de seguridad pública democrática implica que los funcionarios gubernamentales responsables del gobierno de la seguridad pública, junto con las diferentes instancias competentes de la sociedad civil, ejerzan la responsabilidad de elaborar, formular e implementar estrategias inclusivas e integrales de gestión de los conflictos y, en ese marco, de abordar la problemática criminal, tan acuciante y crecientemente compleja en sociedades como las nuestras así como también, a tono con ello, llevar a cabo la *reforma institucional de la policía*.[27]

Sin embargo, en América latina, las *condiciones políticas de la reforma policial* han sido sistemáticamente desconocidas u obviadas en el debate político y académico especializado. Casi siempre se hizo referencia a la reforma policial como si su mero anuncio daría impulso a los complejos cambios que ello implicaría, sin considerar que esas reestructuraciones tienen como condición necesaria una enorme *capacidad de gestión política* de parte de las autoridades gubernamentales encargadas de darle curso a esos cambios y de superar las restricciones y obstáculos que surjan o se interpongan. Pero esto no formó parte de las consideraciones habituales que se establecieron al respecto.

1. La reforma policial es más que un cambio normativo

En la región, no son pocas las expresiones que reducen la reforma policial a un mero cambio normativo, esto es, a la *reformulación de las leyes y normas* que establecen la organización y el funcionamiento de la institución policial, manteniendo la ingenua ilusión de que dichas mudanzas desencadenarán, por sí mismas, un profundo proceso de reestructuración institucional. Por cierto, los cambios normativos constituyen una condición inicial necesaria de toda reforma policial en función de sentar las nuevas bases jurídicas del sistema policial pretendido. Pero su concreción no agota el proceso reformista sino que constituye la plataforma concep-

---

[27] Con relación a la reforma policial, sigo la orientación general desarrollada para el caso argentino en: Sain, Marcelo Fabián, *El Leviatán azul...*, *op. cit.*, Cap. 5.

tual y el marco simbólico de dicho proceso, cuya traducción en cambios institucionales requiere de *complejas estrategias de intervención* sobre la organización policial, sus prácticas funcionales, sus basamentos doctrinales y sus estructuras profesionales.

Desde una perspectiva integral, la *reforma policial* no se restringe apenas a la reformulación del *andamiaje legal y normativo del sistema policial* sino que, además, debe suponer la reestructuración del *conjunto organizacional* de dependencias y unidades que lo integran y de los *procesos institucionales* desarrollados por esos componentes así como también del amplio espectro de *prácticas institucionales* llevadas a cabo por sus miembros cotidianamente.

La institución policial constituye una *organización gubernamental pública* que se reproduce y se expresa en, y a través de, las acciones e interacciones llevadas a cabo cotidianamente por sus integrantes, y que, por ende, no se limita ni se agota en sus parámetros legales. En este sentido, tal como lo destaca Arellano Gault, las organizaciones gubernamentales están insertas en *"una lógica no lineal o unificada"* y constituyen *"en la práctica un conjunto de entes heterogéneos"*. Son duales, dado que, por un lado, están compuestas por un *conjunto de normas y directivas formales* y, por el otro lado, se articulan mediante las *prácticas de sus actores integrantes*. Por lo tanto, deben ser comprendidas *"más allá de la lógica legal, normativa o política"*, dando cuenta también de los *"actores que están inmersos en una dinámica organizacional"*. Por eso, están *"determinadas tanto formal como legalmente en cuanto a sus objetivos"* pero constituyen *"organizaciones que una vez construidas adquieren lógica propia, se enfrentan a su propio contexto y complejidad y desarrollan capacidades"*.[28]

Así, pues, la reforma de la institución policial constituye un proceso diversificado y complejo de *reestructuración institucional* que posee diferentes dimensiones que, a su vez, constituyen etapas o fases de dicho proceso:

---

[28] Arellano Gault, David, *Gestión estratégica para el sector público. Del pensamiento estratégico al cambio organizacional*, Fondo de Cultura Económica, México, 2004, pp. 13-15.

1. En primer lugar, se trata de una *reforma normativa* asentada en la reformulación de las *bases jurídicas del sistema policial* en todo lo atinente a las leyes, decretos reglamentarios, resoluciones y disposiciones constitutivas y/o regulatorias de la estructura orgánica, funcional y doctrinal de la policía o algunos de sus aspectos o instancias componentes.

2. En segundo término, configura una *reforma organizacional* tendiente a reconvertir la *estructura organizativa del sistema policial* en lo relativo al conjunto de los organismos, dependencias y/o unidades de dirección y administración, operativas y de apoyo de la policía, o de algunos de sus componentes, así como a sus autoridades, composición y demás aspectos orgánicos-funcionales.

3. En tercer lugar, constituye una *reforma procedimental* basada en la reestructuración de los *procesos y protocolos procedimentales del sistema policial* mediante los cuales la policía en su conjunto y sus diferentes componentes orgánicos específicamente desarrollan y ejecutan las misiones, funciones, labores y tareas institucionales.

4. En cuarto término, supone una *reforma funcional* basada en la reestructuración de las *prácticas institucionales del sistema policial* en todo lo atinente a dos aspectos fundamentales:

a. Las *rutinas institucionales* expresadas en el conjunto de modalidades de acción y hábitos prácticos desenvueltos por los integrantes del sistema policial en el desempeño de sus actividades y labores.

b. Los *basamentos simbólicos —cultura institucional—* comprensivos del conjunto de concepciones, valores e interpretaciones que sustentan los integrantes del sistema policial acerca de la seguridad pública, sus problemáticas, la institución policial, sus labores y su inserción en la misma.

Por cierto, la reestructuración de las prácticas institucionales cotidianas de las policías requiere de la institucionalización de nuevos marcos normativos y de la conformación de nuevas estructuras organizacionales y procedimentales. Es decir, las reformas normativas constituyen una condición necesaria de las reformas organizacionales, procedimentales y, principalmente, funcionales, pero no son una condición suficiente de las mismas, ya que los cambios en los dispositivos normativos de las instituciones policiales no habilitan ni garantizan, por sí mismo, las mudanzas en las estructuras organizacionales, procedimentales y, menos aún, en las rutinas institucionales y en los basamentos simbólicos de las mismas. Ello requiere de intervenciones diversificadas, flexibles, graduales y persistentes en el tiempo a los efectos de instaurar y reproducir paulatinamente nuevas prácticas institucionales acordes con las nuevas formas de organización y funcionamiento policial que se pretende instituir. Se trata, en consecuencia, de transformar el sistema normativo, organizacional y procedimental de la policía así como también las prácticas institucionales llevadas a cabo por sus diferentes instancias, poniendo especial atención en el *desempeño funcional* de los mismos, es decir, en el grado de eficiencia o deficiencia con que llevan a cabo sus labores y actividades, así como en su *sujeción a la legalidad*, vale decir, en el grado de adecuación de su funcionamiento a la legalidad vigente.

2. ¿Quién conduce la reforma policial?

¿Son los gobiernos o los jefes de las policías las instancias fundamentales para definir y formular el modelo de institución policial adecuado para cada lugar y época, y para diseñar el tipo de estructura organizativa y funcional policial necesaria para ello?; ¿son los funcionarios políticos del sector de la seguridad o las cúpulas policiales las instancias responsables de establecer los lineamientos básicos de las políticas y estrategias de control del delito a ser llevadas por la policía o en las que deban intervenir la institución policial?; ¿quién debe decidir cuándo, cómo y dónde debe hacerse uso de la policía en el campo de la seguridad pública?. Y, en este marco, ¿le corresponde a las autoridades gubernamentales llevar a cabo el diseño y la implementación de la reconversión y modernización policial o esto es una responsabilidad de las cúpulas policiales?; ¿quién de estas instancias debe indicar y establecer los tiempos y ritmos de la reforma policial así como llevar a cabo las adecuaciones necesarias durante el proceso reformista?; ¿quién evalúa este proceso y sus impactos y consecuencias?.

Sin dudas, éstas son *responsabilidades excluyentes de las autoridades gubernamentales* y, en particular, de los funcionarios políticos y técnicos encargados de la dirección de la seguridad pública. Las policías son *ins-*

trumentos institucionales de gestión de conflictos. No obstante, la decisión acerca de *dónde*, *cuándo* y *cómo* hacer uso de esos instrumentos es una cuestión política y, si ello no ocurre, se produce una suerte de *desafección política* grave.

En este marco, el desenvolvimiento de las responsabilidades de conducción política en función del desarrollo de una reforma policial que entrañe un cambio organizacional importante necesita de un *liderazgo político comprometido y sostenido de parte de las autoridades superiores del gobierno.*[29] Y ello por dos razones fundamentales. En primer lugar, porque *en un sistema institucional democrático son las autoridades recipiendarias del apoyo popular y responsables del ejercicio del gobierno de sus sociedades las que deben decidir cómo, cuándo y de qué manera deben abordarse los conflictos y la problemática delictiva existentes en dichas sociedades*, haciendo un uso oportuno, proporcional y controlado del andamiaje institucional que forma parte del sistema de seguridad pública. Y, en segundo término, porque la impronta fuertemente conservadora de las cúpulas policiales diluye la posibilidad de llevar a cabo procesos de *autorreforma policial* en un sentido integral. En general, estas cúpulas postulan como reforma policial al aumento indiscriminado de recursos humanos, operacionales y financieros para la institución que conducen, sin poner en tela de juicio sus pilares doctrinales, organizativos y funcionales —propios del modelo tradicional de policía— u ocultándolos cuando el anacronismo o la desactualización de estos rasgos adquieren visibilidad institucional. Y, además, como se dijo, rechazan recurrentemente todo tipo de iniciativa tendiente a introducir cambios de fondo en las policías, interpretando que dichos cambios, en general, tienden a "destruir" a las instituciones policiales. Por lo tanto, median *razones sustantivas e instrumentales* para que la reforma policial sea diseñada, conducida y evaluada por las autoridades gubernamentales. Dicho de otra manera: *sin liderazgo político no hay reforma policial.*

Por su parte, todo proceso institucional de reforma policial asentado en la reestructuración administrativa y/o en la reconversión del sistema operacional sólo es posible si es diseñada, conducida y evaluada por

---

[29] Bayley, David, *Democratizing the Police Abroad: What to Do and How to Do It*, Issues in International Crime, U.S. Department of Justice, Washington, 2001, Cap. 3.

las autoridades superiores del gobierno, lo que requiere de una amplia *capacidad de gestión política* que derive de:

1. La manifestación de una clara y firme *voluntad política de conducción institucional* de la seguridad pública y, especialmente, del proceso de reforma policial.
2. Los necesarios *conocimientos técnico-profesionales* sobre los asuntos de la seguridad pública y, en particular, aquellos referidos a la reforma institucional de referencia.
3. La ineludible *aptitud operativo-instrumental* para diseñar, implementar y evaluar eficientemente las políticas y estrategias de reforma policial.

Ello, por cierto, abre un conjunto de dilemas que podrían resumirse en un interrogante fundamental: ¿cuentan nuestros países con estructuras organizativas y funcionarios gubernamentales con aptitudes, competencias y capacidades institucionales suficientes para encarar un proceso institucional de esta envergadura? He aquí, pues, el principal desafío institucional en la materia, esto es, la *construcción y el fortalecimiento de gobernabilidad política en todo lo relativo a la seguridad pública y los asuntos policiales*. Esto constituye la condición necesaria fundamental para atravesar un proceso exitoso de reconversión y modernización policial. Por lo tanto, *la reforma policial tiene como primer y principal componente la construcción y/o vigorización de las instancias gubernamentales específicamente abocadas al gobierno de la seguridad pública y, en su marco, a la dirección y desarrollo de la reforma policial.*

3. Fortalecimiento del gobierno político de la seguridad pública

La reforma policial requiere, antes que nada, del desarrollo de una *estrategia de fortalecimiento de la gobernabilidad política de la seguridad pública* que apunte a *construir gobierno y gobernabilidad* en donde tradicionalmente no lo ha habido, dado que un proceso integral de formulación, implementación y evaluación de las políticas y estrategias de seguridad pública requieren, por cierto, de una *capacidad de gestión gubernamental* signada por la efectividad, eficacia y eficiencia. Asimismo, dicha estrategia debe suponer un proceso de *despolicialización de la seguridad pública* asentado básicamente en el desarrollo de un impulso de "recuperación" de la conducción institucional del sector por parte de las autoridades gubernamentales, teniendo particularmente en cuenta ciertos *principios básicos* que hacen a una visión democrática de la seguridad pública:

1. *Los asuntos de la seguridad pública son sustancialmente políticos* y no sólo policiales, ni tampoco son predominantemente policiales.
2. *La seguridad pública tiene como objeto y sujeto fundamental a las personas y a la comunidad*, y no al Estado o a su institución policial, los que son apenas un instrumento de aquellas instancias.
3. Los *dispositivos de intervención fundamentales del gobierno político* en materia de seguridad pública no se agotan en el sistema policial sino que también suponen el *sistema de prevención social de la violencia y el delito* abocado a intervenir sobre las condiciones sociales y situaciones de riesgo que favorecen hechos de violencia y delictivos.
4. La *elaboración del cuadro de situación de los hechos vulneratorios del orden público, la violencia y las problemáticas del delito* así como el *diseño y formulación de las políticas y estrategias de seguridad pública* son responsabilidades institucionales indelegables de las *autoridades gubernamentales a cargo del gobierno de los asuntos de la seguridad pública*, y no de la institución policial.
5. *La dirección superior y la administración general de la policía son tareas institucionales indelegables de las autoridades gubernamentales a cargo del gobierno de los asuntos de la seguridad pública*, y no de la institución policial.

Sin dudas, toda *forma competente de ejercicio del gobierno político-institucional de la seguridad pública* debe inscribirse en un proceso integral y eficiente de *formulación, implementación y control de las políticas y estrategias del sector* y, en su marco, debe suponer, entre otras cosas, el ejercicio efectivo de la *conducción político-institucional de las fuerzas policiales en cuanto a su estructuración doctrinal, organizativa y funcional*. Este aspecto constituye un núcleo problemático de relativa importancia, ya que la recurrente aprehensión con que la dirigencia política de nuestro país ha abordado estos asuntos así como las significativas resistencias al cambio interpuestas exitosamente por algunos actores del sistema, en especial, por las policías, ha impedido ejercer un gobierno competente sobre estos asuntos.

En este marco, y teniendo particularmente en cuenta la impronta de desgobierno político sobre estas cuestiones que signó al sistema institucional latinoamericano, el *fortalecimiento de la gobernabilidad política de la seguridad pública* debería suponer un profundo *rediseño institucional* asentado en la conformación de un *Ministerio o Secretaría de Seguridad* específicamente abocada al ejercicio del *gobierno de la seguridad pública*.

Un proceso eficiente de *formulación, implementación y evaluación de la política de seguridad pública* requiere del ejercicio efectivo de la *conducción político-institucional del sistema de seguridad pública* y, en su marco, de la *dirección superior y administración general de las agencias específicamente comprometidas en la cuestión.* Todo esto sólo es posible mediante la articulación de una amplia *capacidad de dirección estratégica y de gestión institucional* de parte de la instancia superior del gobierno –compuesta por los altos directivos y por el equipo de altos gerentes operativos– responsable o interviniente en dicho proceso. Y estas capacidades no derivan mecánicamente de la voluntad política ni resultan automáticamente de la existencia de planes estratégicos diseñados en el sector de referencia sino que son el producto también de la conformación y puesta en funcionamiento de un dispositivo de gestión institucional adecuado a ello.

En los países latinoamericanos, en general, este conjunto de funciones y responsabilidades están dispersas en varias áreas u organismos de la administración pública central, muchos de ellos pertenecientes a diferentes carteras ministeriales o secretarías de Estado, entre las que hay una escasísima labor de coordinación interinstitucional, a lo que se añade la recurrente ausencia de instancias y procedimientos de diseño y planificación de las políticas y estrategias del sector así como de evaluación de las mismas. Asimismo, aquellas dependencias u organismos especializados en la gestión política de la seguridad pública y, en particular, de la aplicación de las políticas y estrategias del sector, no poseen instancias organizativas especializadas en el diseño, planificación, coordinación y evaluación de dichas políticas y estrategias o en la administración general del sistema institucional de seguridad; no cuentan con recursos humanos especializados y suficientes para ello y tienen una exigua incidencia en lo relativo al ejercicio del mando policial. Éste, salvo contadas excepciones, es desarrollado por las propias cúpulas policiales y, en general, éstas se vinculan directamente con el titular del ministerio del ramo sin mediación alguna, lo que apuntala más aún la autonomía relativa de cada institución policial o fuerza de seguridad.

Por cierto, el *Ministerio o Secretaría de Seguridad* no es más que un *dispositivo institucional* o, mejor, un *instrumento integrado de gestión política* de los diversos componentes del sistema institucional de seguridad pública a través de la estructuración de un conjunto de normas, procedimientos, recursos humanos y medios técnicos focalizados en las complejas problemáticas del sector. Sus funciones específicas deberían girar en torno de la *planificación estratégica* del área; la *formulación, implementación y evaluación de las políticas y estrategias de prevención social y de conjuración policial del delito y la violencia*; el *gobierno político-institucional* de las diferentes instancias componentes del sector, en particular, del sistema policial y del sistema de prevención social de la violencia y el delito; la *gestión del sistema de seguridad privada*; y la *administración general* del sistema institucional del sector.

Pues bien, una nueva estructura organizacional en la gestión política superior del sistema de seguridad pública no garantiza, por sí mismo, la reversión de la tradicional tendencia al desgobierno político de la seguridad y a la policialización de la misma. Ello requiere de la necesaria conformación de un *funcionariado profesional especializado* en la materia y de la paulatina asunción por parte de las autoridades ministeriales y de dicho funcionariado especializado de las responsabilidades de diseño, planificación, conducción y evaluación de los asuntos del sector que hoy son ejercidas, de hecho, por las instituciones policiales. He aquí un aspecto clave.

La *gestión directiva superior del sistema policial* debe constituir uno de los ejes funcionales fundamentales del Ministerio o Secretaría de Seguridad, y dicha gestión debe estructurase en torno de dos labores básicas:

1. La *dirección estratégica del sistema policial*, que comprende las siguientes tareas:
   a. La *gestión del conocimiento de uso policial,* que consiste en producir y actualizar el conjunto de conocimientos fundamentales

indispensables para planificar la labor policial, en particular, los conocimientos relativos a dos esferas indispensables para la gestión policial como lo son:

i. El *conocimiento delictivo*, que abarca el cuadro de situación acerca del delito y los conflictos vulneratorios del orden público democrático sobre los que debe actuar la policía.

ii. El *conocimiento institucional policial*, dado por el diagnóstico institucional policial acerca de la estructuración doctrinal, organizativa y funcional real de los principales componentes y prácticas del sistema policial.

b. El *diseño, formulación y evaluación de las estrategias policiales*, esto es, aquellas líneas y programas de acción llevados a cabo por la institución policial de acuerdo con las directivas políticas y generales establecidas por las autoridades políticas del sector, en particular:

i. Las *estrategias de modernización institucional de la policía* tendientes a desarrollar el conjunto de reformas y adecuaciones doctrinarias, organizativas y funcionales que resulten necesarias para superar las tradicionales deficiencias y anacronismos que pesan sobre dichas instituciones y hacerlas más eficaces y eficientes en la prestación básica del servicio de resguardo y protección ciudadana.

ii. Las *estrategias de control policial del delito* tendientes a llevar a cabo intervenciones preventivas, conjurativas o investigativas de los eventos y problemáticas delictivas y contravencionales en sus diferentes manifestaciones a través de modalidades de *policiamiento preventivo* y de *policiamiento complejo*.

c. La *conducción funcional superior del sistema policial* a través de la planificación, conducción, coordinación, supervisión y evaluación del conjunto de las operaciones y acciones de seguridad preventiva y de seguridad compleja desarrolladas por la institución policial, de acuerdo con las directivas y estrategias formuladas por las autoridades políticas superiores de la cartera y llevada a cabo por un *mando funcional unificado* que constituya un *dispositivo o instancia de análisis, planificación y control operacional policial* responsable de:

i. La producción de la *inteligencia criminal estratégica y táctica.*

ii. La planificación, conducción y evaluación de las *operaciones e intervenciones policiales preventivas y/o complejas.*

iii. La programación del *desarrollo logístico-infraestructural policial* en función del accionar de la policía.

d. La *conducción orgánica superior del sistema policial* a través de la del diseño, elaboración, planificación y/o actualización de:

i. La *doctrina estratégica y operacional policial* así como los *procedimientos y protocolos de actuación* del sistema de seguridad policial preventiva y de seguridad policial compleja.

ii. La *estructura orgánica y de despliegue* de las dependencias y unidades del sistema de seguridad policial preventiva y de seguridad policial compleja.

iii. La *formación y capacitación policial* especializada del sistema de seguridad policial preventiva y de seguridad policial compleja.

iv. La *estructura del personal policial* del sistema de seguridad policial preventiva y de seguridad policial compleja.

v. El *sistema tecnológico e infraestructural* del sistema de seguridad policial preventiva y de seguridad policial compleja.

2. La *administración general del sistema policial*, que comprende las siguientes tareas:

a. La *gestión administrativa* del sistema policial de seguridad preventiva y de seguridad compleja.

b. La *gestión económica, financiera, contable y patrimonial* del sistema policial de seguridad preventiva y de seguridad compleja.

c. La *gestión presupuestaria* a y través de la planificación y ejecución presupuestaria del sistema policial de seguridad preventiva y de seguridad compleja.

d. La *gestión infraestructural y tecnológica* del sistema policial de seguridad preventiva y de seguridad compleja, sobre la base del diseño y los requerimientos del mando funcional policial.

e. La *gestión de los recursos humanos* del sistema policial de seguridad preventiva y de seguridad compleja –excepto la planificación y decisión de la ocupación de los cargos y destinos policiales–, sobre la base del diseño y los requerimientos del mando funcional policial.

f. Los *asuntos jurídicos* del sistema policial de seguridad preventiva y de seguridad compleja.

g. Las *relaciones institucionales* del sistema policial de seguridad preventiva y de seguridad compleja.

En América Latina, como ya se destacó, estas labores fundamentales de dirección institucional superior de la policía han estado históricamente en manos de las cúpulas policiales y, en general, éstas las han desarrollado sin ningún tipo de intervención o injerencia de las autoridades gubernamentales encargadas de la seguridad pública en lo referido a su planificación, gestión y, principalmente, en la evaluación y contralor de las mismas. La reversión de esta situación de *autonomía policial* constituye, pues, un paso necesario para colocar a la institución policial como instancia subordinada a las políticas y estrategias formuladas y decididas por el poder político ya que, como se dijo, *la dirección estratégica y la administración general del sistema policial son funciones indelegables de las autoridades gubernamentales* o, en su defecto, deberían ser llevadas a cabo por los mandos policiales cuando éstos están en manos de funcionarios civiles no-policiales.

En cualquier caso, la creación de este conjunto de competencias y destrezas directivas en la instancia superior del gobierno político de la seguridad constituye una condición indispensable para llevar a cabo un proceso de reforma y modernización policial integral que implique una *nuevo profesionalismo policial* y la conformación de una institución policial asentada en *nuevos parámetros doctrinales, organizacionales y funcionales*, esto es, la conformación de una *nueva policía*.

4. Ejes estratégicos de la reforma policial en América Latina

Las tendencias institucionales señaladas con relación a las policías latinoamericanas, en particular, la herencia militarista y la alta manipulación política de la que han sido objeto en la mayoría de nuestros países así como sus deficiencias y anacronismos doctrinarios, organizacionales y funcionales, han contorneado un tipo de *institución policial tradicional* que constituye el objeto de cambio de un proceso de reforma institucional.

En este contexto, y dadas las condiciones desarrolladas anteriormente, la *reforma policial* debería asentarse en siete ejes estratégicos fundamentales:

1. La *desmilitarización de la institución policial*.
2. La *despolitización de la institución policial*.
3. La *minimización funcional de la institución policial*.
4. La *diferenciación estructural de la institución policial*.
5. La *diferenciación funcional de la institución policial*.
6. La *descentralización espacial de la institución policial*.
7. La *modernización infraestructural de la institución policial*.

Estos ejes deben servir de parámetros institucionales generales tendientes a orientar y direccionar la reconversión institucional de la policía, en función de que dichos ejes se traduzcan en el conjunto de leyes, normas y reglamentaciones que regulan la vida institucional de la policía así como también se subsuman en los lineamientos y parámetros organizativos, funcionales y doctrinales de la institución, en particular, en los procedimientos institucionales, las rutinas y operaciones policiales y en el régimen de formación y capacitación policial. Ello indica que las estructuras y formas normativas, organizacionales o funcionales que pueden adoptar los cambios institucionales orientados a viabilizar estos ejes estratégicos pueden ser diversas y variadas.

4.1. Desmilitarización de la policía

La *desmilitarización de la institución policial* constituye la reformulación de los basamentos simbólicos y orgánico-funcionales de la misma en favor de su conformación como *institución civil armada*.

En la región, las primeras instituciones policiales han nacido como desprendimientos de las organizaciones castrenses y, durante décadas, sus respectivas conducciones estuvieron en manos de oficiales superiores de las Fuerzas Armadas, en particular, del Ejército. Todo ello trajo aparejado una abarcativa *militarización organizativa y funcional de las policías*, las que, lejos de constituirse como *policías civiles y ciudadanas*, se fueron conformando como *guardianes del orden político* y como *organizaciones altamente militarizadas y estatalistas*, más sensible a las orientaciones e intereses de los gobiernos y de sus respectivas cúpulas que a los dictados de la ley y a la protección ciudadana.

Como resultado de este proceso histórico, las estructuras de mando, la organización y funcionamiento, los regímenes profesionales, los sistemas de formación y capacitación y los sistemas de control fueron adquiriendo una impronta marcadamente castrense, todo lo cual, además, contribuyó a conformar una cultura institucional altamente militarizada. Ello se reprodujo hasta nuestros días y, en la actualidad, estos trazos resultan un rasgo saliente en la mayoría de nuestras policías.

En este marco, la *desmilitarización de la institución policial* debe conllevar dos tipos de cambios fundamentales:

1. La *desarticulación de toda forma de dependencia orgánico-funcional y doctrinal de la policía con relación a las Fuerzas Armadas* y, como correlato de ello, la *dependencia orgánico-funcional de la policía del ministerio responsable de las políticas de seguridad pública.*
2. La *desmilitarización de las estructuras de mando, las modalidades de policiamiento preventivo y complejo, de los regímenes profesionales, de los sistemas de formación y capacitación y de los mecanismos de control policial.*[30]

4.2. Despolitización de la policía

La *despolitización institucional de la policía* debe orientarse a convertir a ésta en un organismo público *políticamente agnóstico*, es decir, absolutamente sometido al estricto cumplimiento de las leyes, normas y reglamentos vigentes y reacio a las tradicionales y habituales manipulaciones políticas de parte de los gobernantes o funcionarios de turno.

La conformación histórica de nuestras policías como instituciones de Estado centralmente perfiladas al control político y social favoreció la articulación de instituciones policiales altamente politizadas signadas por

---

[30] Ello, por cierto, no excluye la posibilidad de que en la región se fortalezcan los *cuerpos o secciones policiales militarizadas* o las *fuerzas policiales intermedias con organización y despliegue militar*, como la Gendarmería Nacional en la Argentina o los Carabineros de Chile, a los efectos de hacer frente a problemáticas o situaciones de riesgo de alcance militar, tales como el accionar de grupos políticos ilegales u organizaciones delictivas –de contrabandistas o narcotraficantes, por ejemplo– con capacidad de ocupación territorial o de control o regulación de vastas regiones o sectores sociales de nuestros países o, en su defecto, con despliegue y operatividad militar. Al contrario, frente a tales desafíos, tan frecuentes en la región, el fortalecimiento o la conformación de cuerpos o dependencias policiales intermedias configuraría un notable avance institucional tendiente a robustecer el sistema de seguridad pública de nuestros países y, asimismo, haría menos factible que las Fuerzas Armadas locales se hicieran cargo de las labores policiales conjurativas de dichas problemáticas.

la conformación de dispositivos de conducción extraoficiales y subterráneos sobre ciertos sectores policiales de parte de autoridades y referentes políticos sin facultades de dirección policial, y en cuyo marco inciden informalmente –pero con alto nivel de efectividad– sobre los ascensos, pases, destinos y ocupación de los cargos o unidades policiales y hasta formulan en la trastienda algunos lineamientos y directivas en materia de seguridad. No pocos legisladores, alcaldes y dirigentes partidarios de nuestro país ejercen soterradamente diferentes formas de influencia, presión y dirección sobre jefes policiales y sobre diversos integrantes de la institución y hasta deciden acciones y operaciones policiales concretas, siempre al amparo de la protección política informal que se les garantiza a sus referentes policiales. Este manejo informal de la policía implica, en algunos casos, la protección y el encubrimiento de jefes y cuadros policiales corruptos que articulan y amparan ciertas redes delictivas mediante las cuales se generan cuantiosos fondos ilegales. En otras circunstancias, supone la disposición de medios policiales para el desarrollo de acciones encubiertas tendientes a dirimir pujas políticas con sectores adversarios o contiendas electorales mediante la generación de situaciones de desborde delictivo o de crisis de seguridad. En suma, esta manipulación política de la institución policial ha sido favorecida por la tradicional desaprensión con que nuestra clase política ha tratado a la problemática de la seguridad pública y la consecuente ausencia de políticas integrales en el ramo.

En este marco, la *despolitización de la institución policial* debe implicar tres condiciones fundamentales:

1. La *desarticulación de toda forma de influencia o manipulación política o de dirección extrainstitucional o informal sobre la policía* de parte de las autoridades gubernamentales, parlamentarias, judiciales o locales, o, en su defecto, de parte de sectores políticos partidarios o de sectores sociales.

2. El *agnosticismo político de la policía* a través de la *prescindencia política de la institución policial.*

3. La absoluta *sujeción policial al ordenamiento legal y normativo democrático* y, en ese marco, la *subordinación policial a las autoridades gubernamentales responsables de la dirección de los asuntos de la seguridad pública, siempre en el marco de aquel ordenamiento legal y normativo.*

Estos preceptos fundamentales de la profesión policial en un ordenamiento institucional democrático deben traducirse explícitamente en las leyes y reglamentos policiales y deben formar parte de los parámetros centrales en la formación de base y en los diferentes tramos de capacitación y especialización dentro de la institución.

4.3. Minimización funcional de la policía

La minimización funcional de la institución policial supone proyectar a *la problemática delictiva como eje estructurante de la policía*, posicionando a la prevención o conjuración de delitos así como al desarrollo de una eficiente modalidad de policiamiento contra la criminalidad compleja y de investigación criminal de los ilícitos ya cometidos como las labores institucionales fundamentales de la policía. La policía constituye una institución prestadora de un servicio de protección ciudadana frente al delito y frente a eventos violentos que lesionan la libertad y los derechos de las personas.

No se trata de una cuestión de menor porte, ya que gran parte del esfuerzo institucional de las policías de la región en cuanto al uso de sus recursos humanos, operacionales y logísticos no está destinado al desempeño de las tareas policiales básicas orientadas a la prevención del delito, el policiamiento complejo y la investigación criminal, sino que es utilizado en tareas propias del asistencialismo social y en la regulación de conflictividades sociales no delictivas, o en labores administrativas o de apoyo a otras áreas del Estado diferentes de la seguridad pública.

Así, la reforma y modernización policial debe colocar a la problemática delictiva en el centro de las actividades policiales, dando forma a una suerte de *criminalización de las funciones y labores de la institución policial*. Éste, pues, resulta un eje clave de la reforma policial, ya que *estructurar la organización y el funcionamiento policial sobre la base de la resolución de problemas delictivos permite planificar la actividad preventiva, conjurativa o investigativa estableciendo una relación equilibrada, proporcionada y razonable entre el tipo de delito a prevenir, conjurar o investigar, y la forma, metodología e intensidad de la actuación policial específica, racionalizando así los recursos logísticos, operacionales y humanos a ser empleados en la misma*.

En consecuencia, posicionar y proyectar la *problemática delictiva como eje estructurante de la institucionalidad y la labor policial* debe asentarse en dos parámetros fundamentales:

1. La *organización y el funcionamiento policial deben estructurarse sobre la base del conjunto de problemáticas criminales*, haciendo que el esfuerzo global de la institución esté predominantemente destinado a las *labores propias del policiamiento preventivo y el policiamiento complejo*.
2. El *policiamiento por resolución de problemas delictivos específicos debe constituir la modalidad predominante de labor policial*.

Esto implica llevar a cabo una reconversión institucional tendiente a *re-criminalizar las funciones y labores policiales*, excluyendo de la institución policial el desarrollo de tareas diferentes del control del delito.

4.4. Diferenciación estructural de la policía

La diferenciación estructural de la policía implica dos procesos. Por un lado, una clara distinción entre las funciones básicas de *gestión directiva superior del sistema policial* –que comprende la *dirección superior* y la *administración general* del mismo– y las *labores operacionales* propias del policiamiento preventivo y complejo, destinadas a la *implementación del conjunto de estrategias de control del delito* decididas, formuladas y ordenadas por las autoridades gubernamentales del sector y/o la conducción superior de la propia institución policial. Y, por el otro, la conformación de dos dispositivos organizacionales específicamente abocados al desarrollo de aquellas funciones básicas, esto es, las funciones de gestión directiva superior y las funciones operacionales de la policía.

Por lo tanto, la *estructura orgánico-funcional de la policía* podría componerse de dos estructuras básicas y diferenciadas:

1. La *estructura de dirección y administración*, abocada a la dirección superior y la administración general del sistema policial y compuesta por el conjunto de dependencias generales responsables del desarrollo de ambas labores, a saber, la *dirección orgánica del sistema policial de seguridad preventiva y compleja*;[31] la *planificación estratégica*

---

[31] La *dirección orgánica del sistema policial de seguridad preventiva y compleja* comprende el diseño, elaboración, planificación, reforma y/o actualización de ciertos aspectos fundamentales de la institución policial y, particularmente, de su sistema operacional, tales como la doctrina estratégica y operacional; la organización policial y el despliegue de uni-

del sistema policial;[32] la *gestión administrativa del sistema policial;*[33] las *relaciones institucionales del sistema policial;*[34] la *gestión de los asuntos jurídicos del sistema policial;*[35] y la *gestión de la seguridad privada.*[36] Esta *estructura de dirección y administración* debería estar integrada exclusivamente por los *funcionarios* designados por el Poder Ejecutivo en sus escalones superiores y/o por el *personal civil sin estado policial* de la institución, salvo las excepciones expresamente establecidas a ese respecto. Este personal civil no debería revistar en el escalafón general policial y debería estar abocado únicamente al desarrollo de las funciones propias de la dirección superior y administración general del sistema policial, contando para ello con un *régimen profesional* específico y diferente de aquel regulatorio del personal policial.

2. La *estructura operacional*, abocada a la dirección, ejecución y evaluación operacional de las estrategias policiales en materia de seguridad preventiva y en seguridad compleja, y compuesta por el conjunto de unidades de dirección y/o ejecución operacional dedi-

---

dades; la estructura de personal policial; la formación y capacitación policial; el desarrollo infraestructural y logístico; y las relaciones institucionales técnico-policiales.

[32] La *planificación estratégica* abarca el diseño, elaboración y evaluación de las estrategias institucionales del sistema policial; la gestión del conocimiento institucional referido a la situación y el desempeño de los componentes del sistema policial así como del conocimiento situacional referido a las problemáticas del delito y la violencia en el nivel estratégico; el desarrollo de los planes y/o programas de reforma y/o modernización de los componentes del sistema policial; y el diseño y puesta en funcionamiento de los programas de evaluación del desempeño institucional de las áreas y/o componentes del sistema policial.

[33] La *gestión administrativa del sistema policial* implica la dirección del dispositivo administrativo-financiero del sistema policial a través del desarrollo de la gestión administrativa, económica, financiera, contable, patrimonial y presupuestaria de la policía; la administración de los recursos humanos componentes de la dotación de personal civil con y sin estado policial; y la dirección de la gestión tecnológica de la misma.

[34] Las *relaciones institucionales del sistema policial* abarca la gestión de las relaciones de la policía con los organismos o instancias públicas de carácter nacional, provincial o municipal; los organismos internacionales y/o extranjeros; y con las personas físicas y jurídicas privadas, en todo lo atinente a la seguridad pública y siempre que no sea una labor de carácter policial propiamente dicha.

[35] La *gestión de los asuntos jurídicos* comprende la asistencia y asesoramiento jurídico-legal del sistema policial y la representación judicial del mismo.

[36] La *gestión de la seguridad privada* supone la aplicación de la regulación de los servicios de seguridad privada en todo lo atinente a la habilitación, registro, fiscalización y control de la prestación de dichos servicios así como al régimen de infracciones y sanciones del mismo.

cadas solamente al desarrollo de las labores policiales inscritas en la seguridad, en sus diferentes niveles jerárquicos, tales como:

a. Un *Centro de Análisis, Comando y Control Policial (CEAC)* instituido como instancia directiva superior de la estructura operacional del sistema policial, a cargo de la dirección funcional en el nivel estratégico-operacional del mismo, mediante la planificación, conducción, coordinación, supervisión y/o evaluación del conjunto de las operaciones y acciones de seguridad preventiva y de seguridad compleja desarrolladas por las unidades operacionales de la policía.

b. Las *Unidades Regionales (UR)* o *Unidades Departamentales (UD)* –según los casos–, como instancia media de la estructura operacional del sistema policial, a cargo de la dirección funcional en el nivel táctico-operacional del mismo, a través de la planificación, conducción y control del conjunto de las operaciones y acciones policiales de seguridad preventiva y de seguridad compleja que se lleven a cabo en el ámbito de las unidades y divisiones operacionales que la componen, de acuerdo con las estrategias, resoluciones, disposiciones y órdenes de servicio dictadas y emitidas por el *CEAC*.

c. Las *Unidades Operacionales Básicas (UOB)*, como instancias operativas subalternas de la estructura operacional del sistema policial, a cargo de la dirección funcional en el nivel táctico-operacional de las áreas y efectivos que las componen, mediante la planificación, conducción y control del conjunto de las operaciones y acciones policiales de seguridad preventiva, la seguridad compleja o, eventualmente, a las operacionales policiales especiales, todo ello conforme las órdenes de servicio e instrucciones emitidas por las *UR* o *UD* superiores. Estas unidades deberían especializarse en las tres labores operativas mencionadas y, de acuerdo con ello, deberían conformarse del siguiente modo:

    i. Las *Unidades Operacionales de Seguridad Preventiva (UOSP)*.

    ii. Las *Unidades Operacionales de Orden Público (UOOP)*.

    iii. Las *Divisiones Operacionales de Seguridad Compleja (DOSC)*.

    iv. Las *Divisiones de Operaciones Especiales (DOE)*.

La *estructura operacional* del sistema policial debería estar integrada exclusivamente por el *personal civil con estado policial* integrante del escalafón general policial de la institución, abocado únicamente al desarrollo de las acciones y actividades propias de la misión y funciones de seguridad preventiva y de seguridad compleja, salvo el personal sin estado policial que cumpla tareas de apoyo administrativo, jurídico e institucional en las dependencias y unidades componentes de dicha estructura.

4.5. Diferenciación funcional de la policía

La *diferenciación institucional entre policiamiento preventivo y policiamiento complejo* resulta fundamental para modernizar la organización y el funcionamiento policial. Para que las labores policiales estén únicamente abocadas a la resolución de las problemáticas delictivas identificadas y analizadas, resulta indispensable estructurar la organización de la institución policial y el funcionamiento operacional de la misma sobre la base de la *distinción conceptual* y la *diferenciación organizacional* entre las dos esferas funcionales básicas de todo sistema policial, a saber, el *policiamiento preventivo* y el *policiamiento complejo*.

Estas esferas suponen labores policiales específicas y, por ende, implican el desarrollo de dos tipos de modalidades de organización y funcionamiento institucional claramente diferenciados en todo lo relativo a las líneas y modalidades de mando y conducción; la estructura organizativa; la planificación y el policiamiento estratégico y táctico; la producción de información y análisis de inteligencia; la infraestructura policial de movilidad, comunicaciones, armamento y apoyo; el soporte logístico; la formación y capacitación de los efectivos; y el vínculo con la sociedad y con otras instancias institucionales como la justicia penal. Se trata, pues, de profesionalizar a la institución policial a partir de un *criterio de especialización* basado en la distinción y diferenciación de las dos labores policiales básicas.

En la lógica policial tradicional, la impronta de unicidad funcional diluyó estas esferas claramente diferentes y obstruyó la conformación de agrupamientos o dependencias especializadas conformadas por cuadros altamente capacitados en tales labores. En este contexto, el desempeño eficaz y eficiente de cada una de estas labores policiales así como la profesionalización especializada de los efectivos encargados de ellas debe conllevar la *diferenciación institucional entre policiamiento preventivo y policiamiento complejo* a partir de dos parámetros básicos:

> 1. La *distinción y paulatina separación institucional de la seguridad preventiva y la seguridad compleja en tanto esferas organizativas y funcionales diferenciadas de la institución policial.*
> 2. La conformación del *sistema policial de seguridad preventiva,* por un lado, y del *sistema policial de seguridad compleja,* por el otro, como dos *agrupamientos policiales diferenciados* con sus respectivos *sistemas de mando estratégico y táctico, estructura operacional y logística, sistemas de inteligencia criminal, régimen profesional y régimen de capacitación y especialización.*

Por cierto, ambas labores y sus respectivos dispositivos institucionales deben estar integrados funcionalmente en los niveles superiores, fundamentalmente en todo lo atinente a la producción de los análisis estratégicos del delito así como a la planificación, coordinación, dirección y evaluación estratégica de las operaciones policiales integradas. Ello implica, en consecuencia, la conformación de una *estructura que combine simultáneamente niveles y ámbitos adecuados de diferenciación y de integración orgánico-funcional en materia de policiamiento preventivo y policiamiento complejo.*

4.6. Descentralización espacial de la policía

La *descentralización espacial de la organización y el funcionamiento de la institución policial* constituye un proceso institucional fundamental a los efectos de establecer un vínculo más dinámico y apropiado entre las problemáticas delictivas y la labor policial orientada a su prevención y conjuración, garantizando que los dinámicos y diversos cambios producidos en aquellas problemáticas puedan dar lugar a una rápida adaptación y adecuación de los dispositivos policiales a las necesarias labores de control de las mismas.

El pronunciado centralismo organizacional de las instituciones policiales de nuestro país obstruyó cualquier atisbo o modalidad de distribución espacial del mando o del funcionamiento institucional a través de la conformación de dispositivos de comando y operacionales desconcentrados o descentralizados. La rigidez organizacional de estas instituciones, que comprenden miles de efectivos y numerosas unidades operacionales que deben llevar a cabo sus actividades en vastas extensiones territoriales, impidió el desarrollo de un proceso integral y eficiente de toma de decisiones y de planificación y evaluación estratégico-operacional y, en consecuencia, cercenó la posibilidad de estructurar un esquema institucional dinámico y polivalente en el desarrollo de las tareas policiales.

Ahora bien, la enorme complejidad, diversidad y dinamismo de las problemáticas delictivas a las que actualmente debe hacer frente la institución policial impone la necesidad de modernizar su organización y funcionamiento mediante el desarrollo de un proceso de *descentralización institucional* centrado en la conformación de *instancias y unidades espacialmente descentralizadas de planificación, mando, ejecución táctico-operacional y evaluación* a los efectos de alcanzar niveles aceptables de eficiencia y eficacia en las labores preventivas, conjurativas e investigativas dentro del marco de ámbitos territoriales más acotados y tangibles. Se trata, pues, de generar mayor *dinamismo y ductilidad táctico-operacional* en las labores policiales frente a las problemáticas delictivas a través de una *redistribución espacial de la estructura operacional de la policía* y de una *aproximación del mando policial a dichas problemáticas*. Además, dicho proceso acercaría el mando y la labor policial a la comunidad, lo que favorecería el control de ésta sobre el desempeño policial.

En este marco, la *descentralización espacial* de la institución policial debe suponer:

1. La *desconcentración de la institución policial* a través de la *delegación de la planificación, dirección, coordinación y evaluación estratégico-operacional y del ejercicio del mando estratégico-operacional* –y no del mando estratégico-institucional, que siempre debe estar en manos de las autoridades gubernamentales y policiales superiores– en favor de determinadas unidades regionales o medias abocadas al policiamiento preventivo y/o al policiamiento complejo.

2. La *descentralización de la institución policial* a través de la *transferencia de las facultades de planificación táctico-operacional, ejecución, evaluación y ejercicio del mando táctico* en favor de las unidades locales abocadas al policiamiento preventivo y al policiamiento complejo.

4.7. *Modernización infraestructural de la policía*

La reforma policial debe conllevar la *modernización infraestructural de la institución policial* asentada en un proceso sostenido de *inversión pública estratégica* en la misma en vistas de superar el pronunciado atraso material de la mayoría de las policías de la región y, en su marco, las carencias de medios y recursos existentes en las dependencias y unidades abocadas a las actividades operacionales y también a las tareas administrativas y de dirección. Dicha inversión también debe dar cuenta de la falta de un financiamiento adecuado en materia de recursos humanos, particularmente en todo lo atinente a los salarios del personal policial y a la formación y capacitación del mismo.

El grueso de nuestras policías no cuenta con los recursos presupuestarios necesarios para afrontar sus gastos corrientes de funcionamiento ni aquellos destinados a la inversión infraestructural, lo que ha alentado a que, en numerosas ocasiones, sus cúpulas echen mano a un conjunto de fondos provenientes de actividades irregulares o ilícitas protegidas, reguladas o permitidas por la propia institución. En efecto, la insuficiencia del financiamiento presupuestario para costear los gastos regulares de las instituciones policiales es saneada con esos fondos espurios y, completando el deteriorado panorama institucional, una porción significativa de los mismos es distribuida como "sobresueldo" del personal superior. Otro tanto sirve de fuente para el enriquecimiento ilícito de numerosos jefes policiales y hasta de algunos funcionarios políticos. Como contracara de esto, la gran mayoría de los policías de baja y media graduación jerárquica está obligada a mantener un doble empleo o hacer servicios policiales adicionales para conseguir un ingreso salarial que le permita mantener un nivel de vida para sí y para su familia que pueda superar ligeramente el umbral de la pobreza o posicionarlo en un nivel de vida de clase media baja, lo que vulnera severamente el compromiso y la dedicación profesional a las labores regulares del servicio policial.

Ahora bien, *una institución policial moderna y altamente profesionalizada requiere de un nivel elevado de inversión pública en materia de recursos humanos e infraestructurales*. Es decir, *una buena policía insume un nivel sostenido de inversión pública*, ya que no es posible desarrollar exitosamente una labor de prevención y conjuración del delito –en particular, de la criminalidad organizada de alta rentabilidad económica– con *instituciones policiales pobres*, es decir, instituciones dotadas con recursos humanos, operacionales y logísticos insuficientes, anacrónicos y/o desactualizados.

En la actualidad, la labor policial necesita de una serie de medios infraestructurales fundamentales que deben servir de soporte logístico y operacional a dicha labor. Toda infraestructura policial está compuesta por un conjunto de medios técnicos, tecnológicos y edilicios necesarios para que las diferentes unidades operacionales componentes de la institución policial puedan llevar a cabo las acciones y procedimientos de policiamiento preventivo o complejo. La diversidad de la labor policial así como el grado de desarrollo de los recursos y medios técnicos y tecnológicos disponibles para un trabajo policial eficiente imponen la necesidad de dotar a las instituciones policiales de una infraestructura logístico-operacional funcional a las necesidades funcionales de la misma.

En este marco, la *modernización de la infraestructura policial* requiere de la elaboración y puesta en funcionamiento de un *programa de desarrollo infraestructural policial* asentado en la inversión y reconversión en los siguientes ejes:

1. La *infraestructura policial técnico-operacional*, que comprende:
   a. La *tecnología y equipamiento técnico de detección de sustancias y de vigilancia e inspección* de personas, instalaciones, vehículos, aeronaves, cargas, equipajes u otros objetos móviles o fijos.
   b. El *equipamiento técnico de acción directa* –esto es, el *sistema de armas y de intervención directa*– mediante los cuales debe llevarse a cabo las labores de seguridad preventiva y compleja.
   c. El *equipamiento de investigación* destinado al soporte logístico de las operaciones sigilosas propias de las labores del policiamiento complejo o la investigación criminal.
   d. La *indumentaria* y los *accesorios* del personal policial de la institución.
2. La *infraestructura de movilidad policial*, que comprende el *sistema de movilidad policial terrestre* conformado por el conjunto de vehículos identificables y no-identificables, patrulleros, camionetas,

camiones, ómnibus, motos, bicicletas, triciclos y todo otro medio de locomoción terrestre de uso policial; así como el *sistema de movilidad policial aérea o fluvial* conformado por el conjunto de aeronaves y naves de uso policial.

3. La *infraestructura policial comunicacional*, integrada por:

a. El *sistema de telefonía fija y móvil.*

b. La *red de comunicaciones policiales* conformada por el sistema de comunicaciones de imágenes, audio y datos entre las diferentes dependencias y unidades de la institución vía internet y/o intranet.

c. El *sistema de comunicación policial operacional* compuesto por el conjunto de los equipos de base o fijos, los equipos de base móviles, las terminales portátiles –HT– y las antenas repetidoras, exclusivamente abocadas a las comunicaciones de audio en función de las labores operacionales de la policía.

4. La *infraestructura policial informática*, compuesta por:

a. El *sistema informático* compuesto por las terminales de computadores, impresoras y equipos de escaneo así como las licencias informáticas de los programas básicos –procesadores de textos, procesadores de datos, programas de diseño y programas antivirus– y de los programas vinculados con las labores policiales de inteligencia, planificación y operaciones.

b. El *sistema de bases de datos policiales.*

5. La *infraestructura policial edilicia*, que abarca:

a. Las *edificaciones e instalaciones operacionales* que albergan al conjunto de las unidades operacionales de la policía.

b. Las *edificaciones e instalaciones de apoyo y de dirección*, entre ellas, la sede de la dirección superior, las dependencias de conducción y administración y el Instituto Superior de Seguridad Pública.

Con esto, no se trata de legitimar el reclamo usual de los jefes de policía tradicionales en el sentido de dotar a las instituciones que comandan de mayores recursos presupuestarios y de más personal policial pero sin poner en tela de juicio los basamentos doctrinales, organizacionales y funcionales de dichas instituciones. Se trata de una *inversión sostenida en el marco de un proceso de reforma y modernización policial*, ya que *no hay posibilidad de llevar a cabo un proceso de reconversión institucional integral de la policía sin inversión pública que le dé sustento material al mismo*, lo que, por cierto, no es un asunto policial sino una cuestión política.

5. Obstáculos y restricciones a la reforma policial

El principal obstáculo a la reforma policial no deriva de las tradicionales resistencias policiales sino, más bien, del *recurrente rechazo de la dirigencia política latinoamericana a apropiarse del gobierno de la seguridad* y, en su marco, a llevar a cabo los procesos, siempre complejos e intrincados, de reforma policial. Las cuestiones de la seguridad pública sólo han sido objetos de postulaciones ligeras y parciales de parte de la mayoría de la dirigencia política de nuestros países, ya sea que estuvieran orientadas por los idus de la derecha como por una postura de centro-izquierda. He aquí el principal problema.

Sin duda, *la reforma policial constituye una cuestión política*, ya que se trata de formular y construir una *nueva institucionalidad de seguridad pública* y, en su marco, una *nueva institución policial*, todo lo cual le atañe exclusivamente a los decisores gubernamentales a partir de la legitimidad democrática de origen de la que son recipiendarios. Además, nuestras policías resultan incapaces de producir los cambios apuntados, ya que no se han mostrado dispuestas a reformarse y, si lo estuvieran, no sabrían *qué* tipos de cambios producir ni *cómo* hacerlo.

En la mayoría de los países latinoamericanos, los procesos de reforma y modernización policial anunciados durante los últimos años han sido, en general, resistidos por las policías y no han contado con el respaldo institucional de las cúpulas policiales. En algunos casos, inclusive, dichos procesos han sido boicoteados o fueron objeto de una sistemática oposición de parte de estas cúpulas. Ello parece haber respondido a ciertos factores fundamentales. En primer lugar, el predominio de una *impronta institucional conservadora* que despunta en la mayoría de los mandos policiales superiores de nuestros países. Estos mandos han sido institucionalmente socializados durante dos o tres décadas en el marco de una organización caracterizada por basamentos doctrinales, orgánicos y funcionales de carácter tradicionales, primando entre ellos un significativo desconocimiento de las diferentes modalidades de estructuración policial que priman en países de otras regiones. Además, a ello se añade que, en el grueso de los casos, entre estos mandos –que están en la antesala de su retiro– se impone una concepción interna por la cual toda reforma policial es considerada y valorada como atentatoria de la vida institucional de la policía o como disparadora de cambios tendientes a la desagregación y desarticulación institucional y a la consecuente pérdida de poder institucional de la organización policial. En este contexto, los mandos superiores de estas instituciones rechazan todo atisbo de reforma y no desean ser considerados como impulsores o directores de tales cambios. Y, en segundo lugar, cuando se trata de policías en las que prima un elevado nivel de manejos institucionales ilegales y de regulación delictiva, la extendida difusión de una *impronta institucional corruptiva* que signa a sus cúpulas y obstruye toda proyección de cambio. En esos casos, estos mandos son los principales beneficiarios tanto de la *corrupción institucional* asentada en las situaciones de cohecho y malversaciones imperantes en la dirección superior de la organización policial como en la *corrupción derivada de la regulación delictiva* basada en el control, complicidad o protección policial a ciertas actividades delictivas altamente rentables.

Este escenario beneficia a aquellos sectores policiales refractarios a toda impronta de cambio institucional, puesto que, en este contexto, sustentan una relativa capacidad de *contestación mafiosa* a cualquier iniciativa política tendiente a introducir cambios que signifiquen una reforma policial que, entre otras metas, se proponga la desarticulación de las redes de regulación delictiva y de financiamiento ilegal. De acuerdo con lo observado durante los últimos años, esta contestación ha supuesto desde una actitud de *"brazos caídos"* y de *"trabajo a reglamento"* hasta la *"liberación de zonas"* para la actuación de bandas y grupos delictivos sin presencia policial y la perpetuación directa o indirecta de hechos delictivos, secuestros y homicidios violentos con fuerte exposición pública, todo ello tendiente a desacreditar a las autoridades políticas y a posicionarlas ante la sociedad como incapaces de controlar y administrar la seguridad pública.

Sin embargo, también existen amplios sectores policiales proclives a la modernización institucional y son ellos los que podrían accionar y hasta neutralizar la actuación de aquellos sectores refractarios a la reforma policial, pero siempre que el poder político diagrame y desarrolle una estrategia de cambio persistente en el tiempo y que le brinde a estos sectores honestos y modernizantes el apoyo y los instrumentos necesarios para encarar y dirigir internamente el proceso de cambio y de reforma de las prácticas y orientaciones policiales tradicionales, así como también para impulsar la depuración institucional imprescindible.

Por su parte, en el ámbito político y, especialmente, en el renglón gubernamental ha primado un persistente *autismo político* que se ha expresado en una dramática fluctuación entre la *indiferencia* y la *apatía*, por un lado, y la *parcialidad* y la *insuficiencia* en el abordaje de las cuestiones de la seguridad pública, por otro lado. La consecuencia más grave de dichas tendencias ha sido que las problemáticas del delito y la violencia se fueron agravando y, frente a ello, los desajustes de los poderes públicos, en particular, de los gobiernos y las policías, se fueron profundizando, aun bajo las gestiones de los gobiernos de centro-izquierda que se sucedieron en la última década en numerosos países de la región.

El signo característico de esta situación es que los anacronismos y deficiencias que imperaron en los abordajes políticos –por derecha o por izquierda– de las cuestiones de la seguridad pública no desembocaron en un agnosticismo político al respecto sino en la ausencia de políticas de seguridad públicas integrales y en el fracaso de la gestión política de la seguridad, lo cual favoreció el aumento y la complejización del crimen y la reproducción extendida y agravada de la ineficiencia y la corrupción policial.

Las dificultades para establecer *acuerdos* entre los principales actores políticos y sociales acerca de los asuntos de la seguridad pública, y, a partir de ello, la ausencia de *pactos institucionales* que establezcan los basamentos institucionales y los ejes estratégicos de una política democrática de seguridad pública, no sólo es una expresión más de aquel autismo político sino que dificulta definitivamente un abordaje integral de este conjunto de problemáticas y cercena la posibilidad de hacer viable la reforma policial.

Todo ello, además, ha ocurrido ante una sociedad ignorante o dubitativa que, en muchas ocasiones, no tuvo miramientos a la hora de traducir su demanda de protección en avales a los abusos y la corrupción policial como mecanismo de control del delito. En consecuencia, este cuadro de situación ratifica que las problemáticas de la seguridad pública no constituyen asuntos policiales sino cuestiones políticas.

Capítulo IV
Seguridad pública y reforma policial

"[…] Antes que nada, es preciso reconocer la necesidad de que se creen las condiciones para la formulación y la implementación de políticas públicas de seguridad. Aunque haya disenso sobre las políticas a ser definidas, escogidas e implementadas, se puede buscar el consenso en torno de esta tesis: la improvisación voluntarista, fragmentaria y reactiva, a la que se acostumbra a dar el nombre de política de seguridad, no merece ese título engañador y está condenada al fracaso. Nuestras posibilidades de algún éxito dependen de nuestra capacidad de planear y evaluar, lo que, por su parte, exige cambios organizacionales radicales".

"Como la seguridad pública se tornó una preocupación dominante en la sociedad, se valorizó excepcionalmente como asunto político, lo que ha estimulado una competencia predatoria que no sólo es nociva para el interés público (pues aborda negligentemente la sustancia de la cuestión y el debate constructivo) sino que es también inviabilizadora de avances concretos. Cualquier avance consistente, en esta materia, exigirá una larga maduración, lo que es incompatible con el tiempo de la política electoral, que requiere resultados rápidos y debilita a quien se dispusiera a arriesgar un equilibrio precario (derivado de la inercia y de los pactos fácticos) en nombre del cambio real, cuyo proceso envuelve riesgos de desestabilización provisoria. Los únicos antídotos serían el establecimiento de una coalición política amplia, capaz de dar sustento a un esfuerzo común de resolución del problema, o la expansión de la conciencia popular sobre la necesidad de los cambios, cualquiera que sean sus costos pasajeros. Lamentablemente, estamos muy lejos de ambas hipótesis".

Soares, Luiz Eduardo, "21 notas sobre a problemática da segurança pública", mimeo, 2001, pp. 7 y 12.

1. Las políticas de seguridad y sus limitaciones

La reforma policial es mucho menos que una política de seguridad pública. Cuando forma parte de las políticas de seguridad, la reforma policial constituye apenas un *componente instrumental* de ella.

Una *política de seguridad pública* es el conjunto de *estrategias e intervenciones públicas* llevadas a cabo por diferentes *actores estatales y sociales –públicos o privados–* a los efectos específicos de abordar y resolver aquellos *riesgos* y *conflictos* –concretos o previsibles– de carácter *violento y/o delictivo* que lesionen los derechos y libertades de las personas en un determinado ámbito espacio-temporal. Se trata, pues, de una *política de gestión de determinada conflictividad social*, esto es, de aquella conflictividad que se manifiesta en *hechos de violencia y/o en acciones delictivas*, todo ello mediante la *prevención, conjuración* e *investigación administrativa* de los mismos y/o la *persecución penal* los responsables de éstos últimos, es decir, de los delitos.

En este marco, las *estrategias de seguridad pública* tienen dos dimensiones o componentes básicos. Por un lado, abarcan un conjunto de *estrategias institucionales* tendientes a reformar y modernizar los parámetros normativos, organizacionales y funcionales del sistema institucional de seguridad pública o de algunos de sus componentes, a los efectos de adecuarlos, ordenarlos, ajustarlos, prepararlos o ponerlos a tono con las metas y objetivos de las políticas sectoriales, las problemáticas de la seguridad y las condiciones institucionales, financieras, tecnológicas y procedimentales existentes. Y, por otro lado, comprenden las *estrategias de control del delito* tendientes a desarrollar un conjunto de abordajes y acciones perfiladas a prevenir y conjurar situaciones de violencia y/o hechos delictivos mediante el desarrollo de *estrategias sociales de prevención y control de la violencia y el delito* gestionadas por el sistema de prevención social de la violencia y el delito con el objetivo de prevenir y conjurar situaciones de riesgo y condiciones sociales que favorecen hechos de violencia y/o delictivos, o a través del desarrollo de *estrategias policiales y jurisdiccionales de control del delito* gestionadas por el sistema policial y judicial con el fin de prevenir, conjurar y/o investigar hechos delictivos o actividades propias de la criminalidad común y compleja.

Las estrategias de control del delito constituyen el núcleo sustancial de las políticas de seguridad pública, mientras que las estrategias de reforma policial configuran un eje de las estrategias institucionales de corte netamente instrumental. De todos modos, su importancia radica en que la pronunciada desactualización y anacronismo doctrinal, organizacional y funcional de las policías latinoamericanas impone la necesidad de posicionar a la reforma policial como un *componente fundamental* de las políticas de seguridad pública. Pero no debe perderse de vista el *carácter instrumental* de la misma.

Ahora bien, en América Latina, las problemáticas de la seguridad están significativamente condicionadas por procesos y tendencias sociales sobre las que el *sistema de seguridad pública* y, en particular, *su componente policial*, no pueden incidir de manera determinante. Actualmente, en la región, existen una serie de *condiciones estructurales* que inciden en forma sustantiva sobre la situación de seguridad pública favoreciendo o apuntalando una serie de conflictos o cercenando la capacidad estatal de prevención o conjuración de los mismos. Vale la pena mencionarlas rápidamente.

En primer lugar, existe un conjunto de *condiciones sociales* que determinan la emergencia y generalización de situaciones de violencia en ciertos estratos o sectores sociales como resultado del profundo *deterioro y desagregación social y cultural*, dando lugar a la conformación y ampliación de bolsones de *alta marginalidad urbana*. El acelerado proceso de desigualación social observado en nuestros países durante las últimas décadas favorece la reproducción de un conjunto de prácticas e interacciones violentas y crea situaciones propicias para la expansión de ciertas modalidades de delincuencia común violenta.

Además, a ello se añade una serie de *condiciones simbólico-culturales* que apuntala la expansión y validación entre una amplia gama de sectores sociales de prácticas y conductas inscritas en la ilicitud y la corrupción, y que son proclives a licuar las prescripciones estatales tendientes a prevenirlas o conjurarlas. Así, la escasa sujeción a las normas, el incumplimiento persistente y reiterado de las reglas y el desdén por los mecanismos institucionales de control y regulación signan las prácticas cotidianas de importantes sectores sociales altos, medios y bajos de nuestra sociedad.

Y también persisten *condiciones institucionales* que enmarcan la existencia de un *Estado inepto*, es decir, de instituciones públicas endebles y deficientes en la aplicación de sus leyes y en el cumplimiento de sus disposiciones y políticas, moldeando con ello un escenario en el que las relaciones entre ese Estado y la sociedad están signadas en muchos aspectos por un bajo grado de institucionalización. Se trata, pues, de un

Estado con un bajo nivel de gobernabilidad básicamente derivada de una eficiencia administrativa y de gestión limitada y de una legitimidad social erosionada.

Se trata, en suma, de condiciones estructurales que están en la base de los problemas de la seguridad y sobre las cuales el sistema institucional no puede incidir de manera integral o lo puede hacer marginalmente. En efecto, el grado de injerencia de este sistema institucional –especialmente, del sistema policial y del uso de la fuerza– en la transformación de estas condiciones y de las conflictividades derivadas de ellas es exiguo, extremadamente limitado y de carácter exclusivamente reactivo. Una *policía eficiente y una estrategia integral en materia de seguridad pública no podría revertir este conjunto de factores estructurales*, los que, en verdad, están marcadamente determinados por el tipo de estructuración social, política e institucional de nuestros países. No obstante, dichos factores deben conformar supuestos básicos subyacentes de toda política y estrategia de seguridad pública ya que todo indica que los mismos persistirán en el tiempo y no podrán ser revertidos en el corto plazo.

2. Condiciones políticas de la reforma policial

Hecha esta aclaración, cabe indicar que la reforma institucional de la seguridad pública y, especialmente, la *reforma policial* tiene como *condición de aplicación* un conjunto de *exigencias políticas fundamentales* que deben apuntar a darle *sustentabilidad política*.

En primer lugar, la ya mencionada *voluntad política* a favor de ejercer la conducción institucional de la seguridad pública y, especialmente, del proceso reformista. Ello debe implicar la superación de esa tendencia recurrente a *flotar* por encima de los acontecimientos cediendo el manejo y la gestión de los mismos a funcionarios policiales que no detentan una visión semejante a la de las autoridades políticas. La propensión política a *surfear* sobre los hechos y, en especial, sobre la crisis, no se condice con la manifestación de empeño por asumir lo que en la institucionalidad democrática vigente constituye un precepto fundamental: *la dirección superior y administración general del sistema de seguridad y, en su marco, de las instituciones policiales, son una responsabilidad ineludible e indelegable de las autoridades gubernamentales superiores.*

Así, la reforma policial debe derivar de la resolución del *dilema de los costos comparados* a favor del cambio institucional. Este dilema constituye una disyuntiva entre dos opciones. Por un lado, es posible la continuidad del estilo de gestión de la seguridad mediante la delegación del gobierno de la misma en las cúpulas policiales. Hasta ahora, esta opción le ha garantizado a la clase política latinoamericana una situación de relativa "tranquilidad política" en la materia, pero sólo mientras la policialización del gobierno de la seguridad no diera lugar a una situación de crisis institucional derivada de hechos escandalosos, de disputas de poder inmanejables para las cúpulas uniformadas o provocadas por ellas, o de un incremento insostenible del delito que genere, en su conjunto, un deterioro relativo de la imagen y legitimidad del gobierno frente a estas cuestiones. En este caso, los costos políticos hacia la clase política local no surgen del evidente deterioro de la calidad institucional o de los dramas que padecen los sectores sociales más vulnerables a dichas crisis o al aumento del delito sino, más bien, de la posibilidad de que aquella crisis pueda poner en tela de juicio la situación o proyección institucional de los gobiernos, la carrera política de algunos de sus notables integrantes o su reproducción como clase dominante.

Por otro lado, existe la opción asentada en la reversión de aquella impronta y el desarrollo de un proyecto reformista que parta de la apropiación política del gobierno de la seguridad pública, la conformación de un equipo de gestión política de esos asuntos y de la conducción policial y el desarrollo de un proceso de modernización doctrinal, organizativa y funcional de la policía, entre otras cuestiones. En los últimos años, sólo en contadas ocasiones la dirigencia política de nuestros países ha optado por este camino y lo ha hecho frente a situaciones de crisis que obligaban a dar una respuesta de cambio, ya sea por conveniencia electoral o por la presión social y mediática para ello. Y, en general, se trató de procesos fugaces y episódicos. En estos casos, los costos políticos proceden principalmente de las resistencias policiales al cambio así como de las maniobras de la oposición, algunas directamente desestabilizantes, llevadas a cabo por aquellos sectores partidarios y dirigentes políticos beneficiados –política y/o económicamente– con la combinación de desgobierno político y policialización de la seguridad. En ciertas ocasiones, ese conjunto de resistencias fueron apuntaladas por operaciones y campañas mediáticas protagonizadas por medios masivos de comunicación prestos a dichos designios. Todos ellos, montados en el incremento del delito y en la demanda de protección recurrentemente reclamada por la población en general, han contribuido a deslegitimar a las estrategias reformistas y a convertirlas en alternativas políticamente inviables, lo cual ha estado alimentado por el hecho de que una estrategia reformista perdurable en el tiempo sólo garantizaría una mejor institucionalidad para abordar cuestiones complejas pero no la resolución de los asuntos de la seguridad.

Si la política no está dispuesta a emprender un proceso de reforma político-policial que revierta el tradicional desgobierno político y la policialización de la seguridad pública, no habrá ningún cambio. El *conservadurismo policial* que cercenó e impidió toda impronta de reforma institucional tendiente a reestructurar doctrinal, orgánica o funcionalmente la institución policial, considerando que ello apuntaba a destruir o desarticular a la policía, y que reprodujo las tendencias tradicionales al autogobierno policial, sólo puede ser superado con la *firme decisión política* de encarar un proceso de esa envergadura. Sin embargo, lo más complicado no está en este aspecto sino en la reversión de las *deficiencias civiles-gubernamentales* que favorecieron históricamente aquellas tendencias. En el fondo, se trata de una *autorreforma política*.

En segundo lugar, la reforma institucional requiere de una amplia *capacidad de gestión política* que resulte de la conformación de un *equipo de gestión* que detente los *conocimientos técnico-profesionales* sobre los asuntos de la seguridad pública y, en particular, sobre la institución policial así como la *aptitud operativo-instrumental* necesaria para diseñar, implementar y evaluar eficientemente las estrategias de reforma y la planificación de las acciones que se lleven a cabo para su materialización.

Todo ello debe abrevar en la conformación de una amplia *capacidad de gobernanza* asentada en el desarrollo de cuatro labores básicas de gestión política, a saber, la gestión integral del conocimiento situacional e institucional; la elaboración de un cuadro de situación situacional –problemáticas del delito– e institucional –sistema de seguridad pública–; la planificación estratégica; y la coordinación interinstitucional de los componentes del sistema de seguridad pública.

Asimismo, ese equipo de gestión debe contar con las competencias y destrezas institucionales que les permita apropiarse de la dirección superior y la administración general de la seguridad pública y, en especial, de las instituciones policiales. En otras palabras, debe ser capaz de desarrollar todo aquello que durante las últimas décadas fue desenvuelto autónomamente por las instituciones policiales. Sin ello, no será posible la recuperación de alguna porción de *soberanía política en materia de seguridad.*

Asimismo, entre las destrezas de ese equipo de gestión debería despuntar la capacidad del mismo para articular las estrategias de reforma institucional dentro de la propia institución policial objeto de dichos cambios. Y ello debe implicar dos aspectos fundamentales. Por un lado, minimizar, atemperar o neutralizar el accionar o el comportamiento de los sectores policiales que rechazan o se contraponen a la reforma asumiendo diversas actitudes al respecto. Algunos manifiestan una *resistencia u oposición extorsiva* mediante el desarrollo de maniobras soterradas de contestación mafiosa mediante la instigación de delitos de fuerte impacto público para desestabilizar el proceso institucional en ciernes. Y otros, en cambio, asumen un *quietismo especulativo y pasivo* mediante el cual asumen posiciones impasibles, indiferentes y estériles que resultan favorables al fracaso de la reforma. Por otro lado, comprometer o garantizar la intervención de los sectores policiales modernizantes en el proceso de cambio, asegurando que dicho proceso no suponga una reversión que deje a esos sectores reformistas a expensas de la "venganza" institucional de los conservadores. En general, en los procesos reformistas, las limitaciones del compromiso de los sectores favorables al cambio con el proceso de reforma derivan de la brevedad de los mismos o de las posibilidades efectivas de éxito de los contrarreformistas, lo que podría a aquellos sectores en una situación de vulnerabilidad institucional o ante la exclusión de la fuerza. En este marco, crear las condiciones institucionales que permitan que la mayor cantidad de uniformados comprendan y apuntalen los cambios constitutivos de la reforma policial constituye una condición fundamental para la continuidad y/o éxito de la misma.

En tercer término, el proceso reformista debe inscribirse en un amplio *acuerdo institucional* asignado entre los principales actores políticos y sociales democráticos a los efectos de establecer y pactar los ejes estratégicos, parámetros institucionales y objetivos básicos del proceso reformista así como su temporalidad, la que seguramente tendrá una extensión mayor que el tiempo de duración de una gestión gubernamental, sus costos financieros y sus mecanismos de evaluación y corrección del mismo. En ese marco, dicho acuerdo debe servir como paraguas bajo el cual pueda *autonomizarse* y *excluirse* al proceso reformista y a los asuntos de la seguridad pública de la especulación electoral y política.

Al igual que en la economía o que en la mayoría de las áreas de interés público, la reforma policial debe desarrollarse introduciendo o generando una serie de cambios institucionales a una organización –la policía– que, al mismo tiempo, debe seguir prestando servicios de protección y seguridad. Y ello abre la posibilidad de que los sectores políticos y policiales refractarios al proceso reformista obstruyan al mismo generando condiciones adversas en la prestación de esos servicios a los efectos de deslegitimar al mismo proceso reformista o de dar cuenta de su inviabilidad política. Ello sólo puede ser neutralizado cuando, ante el accionar de estos sectores, se articula un fuerte consenso político-institucional a favor de la modernización de la policía, lo que debería derivar de aquel acuerdo institucional.

En cuarto lugar, el desarrollo de una significativa *inversión pública* destinada a afrontar tanto la *reconversión y profesionalización de los recursos humanos policiales* como la *modernización de la infraestructura policial*. Dicha inversión, además, debe ir acompañada de un abordaje estratégico del presupuesto de gastos asignado a la seguridad pública y, en particular, aquel destinado a las instituciones policiales. En consecuencia, debe tenerse en cuenta que *no hay reforma policial sin inversión pública*.

Y, finalmente, el desarrollo de una *estrategia comunicacional* eficiente acerca de las motivaciones, ejes y objetivos de la reforma policial. Esta estrategia no sólo debe apuntar a informar adecuadamente el contenido, objetivos, desarrollos y resultados del proceso reformista sino también incidir positivamente en la opinión pública acerca de la necesidad de la reforma policial y de sus beneficios a favor del desarrollo de políticas integrales de seguridad pública.

Los medios de comunicación ejercen una influencia determinante en la opinión pública y ese potencial los convierten en un ámbito de acción institucional fundamental para las autoridades encargadas de formulación e implementación de la reforma de la policía. Ello supone un espectro amplio de acciones institucionales que, siempre, deben asentarse en la comprensión de que tanto los funcionarios gubernamentales del área como los dueños, editorialistas y periodistas de los medios de comunicación deberían trabajar de manera conjunta.

Del lado gubernamental, ello requiere de una comprensión integral de las prioridades e interés comunicacional o empresarial de los medios así como del formato comunicacional de los mismos, sus limitaciones de tiempo y espacio, el lenguaje comunicacional y los contenidos más difundidos. Los expertos y funcionarios del área de seguridad pública deberían proveer de información a los medios y de asistir o intervenir en los principales programas o iniciativas periodísticas, apuntando, de ser posible, a la conformación de redes de trabajo entre ambas instancias.[37]

Todo ello debe apuntar a que el proceso de reforma gane legitimidad política en la opinión pública y, en ese marco, permita neutralizar el accionar de los actores que se oponen a dicho proceso.

---

[37] Stutman, Susan, Weisbein, Laura y Martin, Stephanie, "El papel de los medios de comunicación en la prevención de la violencia, en Alda, Erik y Béliz, Gustavo, *¿Cuál es la salida?. La agenda inconclusa de la seguridad ciudadana*, BID, Washington, 2007, pp. 362 y 363.

Excursus[38]

La institución policial y el control del delito

> "La policía como institución es una herramienta en las manos de la autoridad política para emplear la fuerza (y, en general, el conjunto de los medios de acción no contactuales) cuando ésta se revela necesaria para hacer aplicar o respetar la ley, esto es, los valores que animan la sociedad considerada o, por lo menos, el poder que se ejerce sobre ella. Bajo este aspecto, el trazo esencial de toda policía es su instrumentalidad: ella no tiene finalidades propias y no podría atribuir a sí misma prioridades u objetivos. Si hay una política policial, ella es aquella que la autoridad política le define, y las orientaciones utilizadas en todos los niveles de la jerarquía son, o deben ser, apenas la traducción operacional de las instrucciones del poder. Éste es el principio, y no podría ser de otro modo, una vez que la policía es una fuerza, y no pasa de [ser] una fuerza. El único uso de una fuerza es aquel que su detentor le atribuye, a no ser que sea una fuerza 'ciega' –lo que socialmente no tiene sentido– o que se vuelva contra su detentor para liberarse de él y tornarse su propio señor, en cuyo caso la policía deja, por definición, de ser una institución para instituirse a sí misma como poder".

Monjardet, Dominique, *O que faz a polícia. Sociologia da força pública*,
Edusp, São Paulo, 2003, p. 207.

1. La policía y el control del delito

A partir de fines del siglo XVIII y comienzos del siglo XIX, la *policía moderna* se constituyó como la institución encargada de velar por *"el mantenimiento del orden público y la seguridad de los ciudadanos, a las órdenes de las autoridades políticas"*,[39] a través del desarrollo de un conjunto de labores

---

[38] *Excursus* elaborado sobre la base de la versión original modificada de la sistemática sociológica de la *institución policial* desarrollada en: Sain, Marcelo Fabián, *El Leviatán azul...*, *op. cit.*, pp. 74-118.

[39] Real Academia Española, *Diccionario de la lengua española*, Editorial Espasa Calpe, Madrid, 1997, tomo II, p. 1631.

107

institucionales que giran básicamente en torno del *control del delito y de los desordenes públicos*.[40] Ello fue el resultado de un largo proceso histórico social desenvuelto en los países de Europa Occidental y, en cada caso, la institución policial fue adquiriendo históricamente una enorme variedad de formatos organizacionales y funcionales.[41] En concreto, la policía se fue transformando al compás de la re-configuración del Estado moderno y de la conformación de nuevas modalidades de ejercicio del gobierno en las sociedades europeo-occidentales más desarrolladas. Paulatinamente, se redujo a *"un aparato o una cantidad determinada de instrumentos que van a asegurar la prohibición o la represión del desorden, las irregularidades, las ilegalidades, los diversos tipos de delincuencia"*.[42]

Esta profunda reconversión de la institución policial se produjo bajo el signo ideológico del liberalismo político y supuso tres procesos concatenados que dieron forma a la *policía moderna*. En primer lugar, se trató de un proceso de *minimización de la policía* mediante el cual ésta abandonó el carácter totalitario propio de los siglos anteriores por el cual se proyectó como instancia regulatoria del conjunto de la vida social. En segundo término, supuso un proceso de *legalización de la policía* en cuyo marco ésta pasó a limitar sus intervenciones sociales mínimas de acuerdo con las regulaciones y limitaciones establecidas en las leyes.

---

[40] Sir Robert Peel, secretario de Interior de Gran Bretaña y fundador en 1829 de la primera institución policial moderna, la *London Metropolitan Police*, estableció como primer y primordial principio para la institución que *"la misión básica por la cual la policía existe es la prevención de crímenes y desórdenes"*, a lo que añadió en esa línea que *"la prueba de la eficiencia policial es la ausencia de crimen y desorden, no la evidencia visible de la acción policial en conjurarlo"* (en: New Westminster Police Service, "Sir Robert Peel's Nine Principles of Policing", en http://www. Newwestpolice.org/peel.html). Para un buen análisis del contexto conceptual, ideológico e histórico del origen de la policía moderna en Gran Bretaña, véase: Neocleous, Mark, *The Fabrication of Social Order. A Critical Theory of Police Power*, Pluto Press, Londres, 2000. Véase también: Dempsey, John y Forst, Linda, *An Introduction to Policing*, Thomson Wadsworth, Belmont, 2005, Cap. 1; y Alpert, Geoffrey, Dunham, Roger y Stroshine, Meghan, *Policing.Continuity and Change*, Waveland Press, Illinois, 2006, Cap. 1.

[41] Al respecto, ver: Bayley, David, *Padrões de policiamento. Uma análise comparativa internacional*, Edusp, São Paulo, 2001. Véase también: Monet, Jean-Claude, *Polícias e sociedades na Europa*, Edusp, São Paulo, 2001; Tonry, Michael y Morris, Norval (orgs.), *Policiamento moderno*, Edusp, São Paulo, 2003; y Osse, Anneke, *Understanding Policing. A resource for human rights activists*, Amnesty International Nederland, Amsterdam, 2006.

[42] Foucault, Michel, *Seguridad, territorio, población. Curso en el Collège de France (1977-1978)*, Fondo de Cultura Económica, Buenos Aires, 2006, p. 404.

Y, por último, implicó un proceso de *criminalización de la policía* mediante el cual ésta se convirtió en la agencia habilitada para "aplicar la ley" ante la criminalidad.[43]

Así, pues, la *policía moderna* se estructuró funcionalmente en torno de la *"aplicación de la ley"* o, más precisamente, de *"la prevención del crimen a través de la aplicación de la ley"*, dando forma con ello a la configuración de instituciones policiales con parámetros organizativos, de funcionamiento y doctrinarios asentados en este eje funcional. Tal como lo señala Neocleous, *"la organización burocrática formal de la policía refuerza la visión de que la policía está fundamentalmente dedicada a la aplicación de la ley criminal"*, lo que también parece confirmarse por el hecho de que *"el proceso criminal es casi siempre puesto en movimiento por la policía y el trabajo de un cierto número de actividades policiales está determinado por la previsiones del código penal"*.[44]

No obstante, también parece cierto lo señalado por este autor en el sentido de que *"la lucha contra el crimen"* nunca ha sido –ni podría ser–, de hecho, la actividad predominante de la policía. Ésta desarrolla una compleja trama de labores que resultan distintas de aquellas abocadas al control del delito y que la vinculan con *"todas las instituciones involucradas con el orden y la conducta de los ciudadanos"*. Estas instituciones *"operan en tándem con la policía como parte de un proyecto policial más generalizado"* orientado, más bien, al *"mantenimiento del orden"*.[45]

Ahora bien, para todo ello, la institución policial está *social y legalmente autorizada* a regular las relaciones interpersonales dentro del grupo social de pertenencia a través de un conjunto de acciones entre las que se cuenta el *eventual uso de la fuerza o coacción física*. A diferencia de otras instituciones, *la competencia y atribución exclusiva de la policía está dada por la autorización social y legal que recae sobre ella para hacer uso de la fuerza física, real o potencial, a los fines de afectar el comportamiento de determinadas personas, limitando sus derechos y/o libertades individuales*

---

[43] Sozzo, Máximo, "Usos de la violencia y construcción de la actividad policial en la Argentina", en Gayol, Sandra y Kessler, Gabriel (comps), *Violencias, delitos y justicias en la Argentina*, Manantial, Buenos Aires, 2002, p. 229.

[44] Neocleous, Mark, *The Fabrication of…*, *op. cit.*, p. 92.

[45] *Ibíd.*, Cap. 5.

en razón del interés público, dentro de un contexto social determinado y en ciertas circunstancias específicas.

Por lo tanto, la *policía moderna* constituye una de las instituciones centrales encargadas de la *"regulación interna"* de las sociedades, siempre *"actuando en nombre del grupo y teniendo la posibilidad de emplear como último recurso la fuerza física".*

> [...] La función policial aparece como la función de la que son investidos determinados miembros de un grupo para prevenir y reprimir, en nombre de la colectividad, la violación de ciertas reglas que rigen ese grupo cuando sea necesario, por intervenciones coercitivas que hacen uso de la fuerza. Esto no significa, evidentemente, que la función policial se reduzca al empleo de la fuerza y que no se traduzca también por otros modos de acción e influencia. Pero, en último término, en la posibilidad *última* del recurso a la coacción física es donde parece revelarse la especificidad de la función policial cuando se intenta diferenciarla de otras funciones que contribuyen al control social.[46]

Su labor está básicamente orientada a *"limitar"* aquellos actos y comportamientos que configuren un perjuicio para los miembros del grupo social de pertenencia. Se trata de *acciones limitativas* frente a determinados riesgos o actos que suponen una lesión concreta a las personas en una situación de seguridad pública, es decir, a cierto o ciertos derechos y libertades. Sin embargo, para que dicha acción limitativa no implique extralimitaciones, abusos o arbitrariedades que no solamente impidan prevenir o conjurar aquellas conductas violatorias de esos mismos derechos y libertades sino que, peor aún, constituyan una fuente de violaciones de los mismos y, por ende, de cercenamientos y vulneraciones a la situación de seguridad pública, la misma debe estar también *limitada* –al menos en el plano formal– por un conjunto de preceptos legales e institucionales efectivos.

En este contexto, la policía moderna produce y reproduce cotidianamente un conjunto de *prácticas limitantes y limitadas*, lo que le otorga

---

[46] Laubet del Bayle, Jean-Louis, *La policía. Aproximación sociopolítica*, Acento Editorial, Madrid, 1998, p. 11.

una impronta singular en torno de la cual se articula el *problema básico* de la misma y que, en la consideración de Goldstein, constituye una *"anomalía"*.

> En una sociedad libre, por la naturaleza estricta de sus funciones, la policía es una anomalía. Es investida de una enorme autoridad, en un sistema de gobierno en el que la autoridad es renuentemente concedida y, cuando eso acontece, es luego reducida. La forma específica de la autoridad policial –aprehender, investigar, detener y usar la fuerza– es apabullante, en el sentido de que puede desagregar la libertad, invadir la privacidad y, de una forma rápida y directa, causar fuerte impacto sobre los individuos. Y esta autoridad pavorosa, por necesidad, es delegada a las personas del más bajo nivel de la burocracia, para que la ejerzan, en la mayoría de los casos, sin supervisión y control.[47]

Vayamos al desarrollo de estos aspectos, apuntando a delinear un *sistemática de la institución policial* que no se limite a una mera descripción de las bases legales o de los esquemas organizacionales de la misma sino que pueda dar cuenta de ciertas *prácticas regulares* que la configuran y reproducen como *agencia de control social*.

2. El uso de la fuerza

En las sociedades modernas, la delegación de la facultad del eventual uso de la fuerza física a favor de la institución policial a los efectos de garantizar la seguridad de las personas y el orden público en un determinado agrupamiento social constituye un rasgo configurativo fundamental de la *especificidad* de dicha institución.

> La competencia exclusiva de la policía es el uso de la fuerza física, real o por amenaza, para afectar el comportamiento. La policía se distingue, no por el uso real de la fuerza, sino por poseer autorización para usarla [...]. Inclusive, cuando [los policiales] no usan la fuerza, ella está por detrás de toda interacción que acontece. Otras

---

[47] Goldstein, Herman, *Policiando uma sociedade livre*, Edusp, São Paulo, 2003, p. 13.

> agencias pueden recomendar medidas coercitivas e inclusive di-
> reccionar su uso, como hacen, respectivamente, las legislaturas y
> cortes [tribunales] pero los policiales son los agentes ejecutivos
> de la fuerza. Ellos la aplican de hecho. Aunque los policiales no
> sean los únicos agentes de la sociedad con permiso para colocar
> las manos en las personas de modo de controlar su comporta-
> miento, ellos serían irreconocibles como policiales si no tuvieran
> esa autoridad.[48]

Según Bayley, lo que distingue y diferencia a la policía de otras instituciones modernas no es sólo el uso eventual o real de la fuerza física
sino el hecho de ser recipiendaria de la autorización social y legal del
grupo social de pertenencia para usarla internamente en determinadas
circunstancias.[49]

Por cierto, otras instituciones estatales y otros oficios o profesiones
particulares son también recipiendarias de la autorización legal y social
para recurrir a la violencia física en determinadas circunstancias. Las instituciones penitenciarias así como las entidades o empresas de seguridad
privada[50] también cuentan con esas prerrogativas,[51] del mismo modo que

---

[48] Bayley, David, *Padrões de policiamento…*, *op. cit.*, p. 20.

[49] Además, de Bayley, véase: Bittner, Egon, "As funções da polícia na sociedade moderna…", *op. cit.*, p. 129 y ss.

[50] Las *entidades o empresas de seguridad privada* comprenden el conjunto de asociaciones
y compañías privadas encargadas de la prestación de una amplia gama de servicios de
seguridad, tales como la vigilancia de lugares o establecimientos públicos o privados, las
custodias personales, la protección de bienes y valores fijos o en tránsito, la vigilancia con
medios electrónicos, ópticos y electro-ópticos, las labores de investigación, la fabricación
y administración de sistemas de alarmas, vigilancias y hasta de armas o artefactos de defensa y otras actividades análogas.

[51] Jean-Paul Brodeur sostiene que el proclamado monopolio legal de recurrir a la violencia
física que detenta la policía y que la distingue de otros aparatos del Estado y de otras instancias sociales y que, al mismo tiempo, le otorga una impronta específica y peculiar, es un
"mito" o una *"ficción reconfortante"* fácilmente contestable. Para ello, destaca que los guardias
de prisión así como ciertas agencias de seguridad privada están habilitados para hacer uso
de la violencia física, como también lo están, por ejemplo, los médicos cuando infringen
lesiones corporales sobre pacientes con fines terapéuticos; los padres o parientes cuando
emplean una fuerza razonable sobre hijos bajo su cuidado; los capitanes de navíos para imponer el orden en sus barcos cuando éste es alterado; o los boxeadores sobre sus adversarios
en el marco de un combate reglado. En: Brodeur, Jean-Paul, *Les visages de la police: pratiques
et perceptions*, Les Presses de l'Université de Montréal, Montréal, 2003, pp. 26 y 27.

las legislaciones penales de la mayoría de los países autorizan a las personas a detener al autor de un delito en flagrancia o a usar la violencia física en situaciones de legítima defensa. Sin embargo, en la opinión de Bayley, se debe excluir del término policía a *"las personas que utilizan la fuerza dentro de la sociedad para propósitos no-colectivos"*, entre las que incluye a *"asaltantes, rebeldes y terroristas, tanto como, cuando es el caso, padres, empleadores, propietarios de tierras, profesores y miembros de la iglesia"*.[52]

Además, tal como lo subraya Dominique Monjardet, la policía, salvo las excepciones existentes en determinadas circunstancias, está habilitada para *hacer uso de la fuerza física de manera predominante* con relación a todas las instancias mencionadas, en función de mantener el orden público y de controlar el delito, *regulando* y *supervisando* el empleo que dichas instancias hacen de aquella fuerza física de modo que ninguna de ellas pueda imponerse a la institución policial.

> Así es que la fuerza pública es calibrada de tal manera que pueda vencer cualquier otra fuerza "privada" [...]. De tal modo que toda manifestación de fuerza policial es siempre susceptible de escalada, hasta el punto en que sea alcanzado el *quantum* de fuerza requerido, sea cual fuere.[53]

Sin duda, la actuación policial se asienta más en *"la proyección simbólica de una representación disuasiva de la policía"* que en *"el recurso efectivo a la fuerza física"*.[54] En efecto, en el desarrollo de sus funciones, la policía *"recurre con mucho menos frecuencia «a la fuerza» que a la fuerza «simbólica», o a la representación de la fuerza"*.[55] Sin embargo, *"la amenaza de la fuerza desempeña el mismo papel que la fuerza en sí"*, lo que conduce a Monjardet a definir a la policía como *"la institución encargada de poseer y movilizar los recursos de fuerza decisivos, con el objetivo de garantizar al poder [al Estado] el dominio (o la regulación) del empleo de la fuerza en las relacione sociales internas"*.

---

[52] Bayley, David, *Padrões de policiamento...*, *op. cit.*, p. 20.

[53] Monjardet, Dominique, *O que faz a polícia. Sociologia da força pública*, Edusp, São Paulo, 2003, p. 26.

[54] Brodeur, Jean-Paul, *Les visages de la police...*, *op. cit.*, p. 35.

[55] Monjardet, Dominique, *O que faz a polícia...*, *op. cit.*, p. 27.

De todos modos, la policía no se manifiesta exclusiva o predominantemente a través del uso efectivo de la fuerza, ya que lo hace mediante la utilización de otras modalidades de actuación diferentes de aquélla. El espectro de formas y medios de acción que habitualmente emplea la policía es amplio y comprende desde actividades comunitarias, sociales y culturales hasta intervenciones y técnicas discretas tales como las interceptaciones telefónicas o informáticas; la adquisición o recolección de información provenientes de informantes; la realización de análisis de inteligencia criminal; las entregas controladas de mercancías prohibidas, entre otras. Ninguna de ellas supone el uso de la fuerza física. No obstante, éste constituye *"el recurso policial por excelencia"* y, además, es *"el más espectacular del conjunto de «medios de acción no contractuales» que fundan el instrumento policial y que él detenta"*.[56] Estos medios tienen en común con el uso de la fuerza que constituyen acciones disvaliosas y hasta delictivas pero, en determinadas circunstancias, están legalizadas o son autorizadas por autoridades judiciales.

En este contexto, David Bayley define a la *"policía moderna"* como una institución *pública, especializada y profesional*.[57]

En primer lugar, se trata de una institución *pública* porque es organizada, financiada y dirigida por la comunidad a través de las estructuras de su gobierno –no necesariamente estatales–, y porque actúa colectivamente en razón del interés público.

> Las comunidades autorizan el uso de la fuerza para regular asuntos internos y hasta crean, inclusive, instituciones formales de ley y gobierno sin desarrollar una fuerza policial pública. La policía se torna "pública" [...] cuando se torna paga y controlada por las comunidades, actuando colectivamente. Tanto pago como orientación son necesarios para distinguir el carácter público del carácter privado.[58]

El policiamiento público nunca desplaza el policiamiento privado, tal como se vio, pero modernamente se ha convertido en la modalidad

---

[56] *Ibíd.*, pp. 27 y 28.
[57] Bayley, David, *Padrões de policiamento...*, *op. cit.*, Cap. 2.
[58] *Ibíd.*, pp. 35 y 36.

predominante como consecuencia de complejas condiciones sociales y políticas que históricamente coinciden con el surgimiento del Estado como forma superior de gobierno de una comunidad. La policía pública surge cuando se diluye la capacidad de los grupos sociales y/o políticos de garantizar una acción protectora eficiente de la comunidad de pertenencia y, por ende, niveles aceptables de seguridad, así como cuando, en el marco de la conformación de nuevas comunidades políticas, surgen grupos que resisten dicho proceso de manera violenta.[59]

En segundo lugar, la policía es una institución *especializada* porque sus basamentos doctrinales, organizativos y funcionales se estructuran predominantemente en función del cumplimiento de su competencia exclusiva o de sus labores específicas a través del eventual uso real o potencial de la fuerza dentro de la comunidad. Para ello fue históricamente determinante la paulatina remoción y exclusión de las fuerzas armadas militares del cumplimiento de las funciones de mantenimiento del orden interno, su especialización en las tareas de la defensa nacional y la conformación de unidades policiales diferenciadas y exclusivamente abocadas al mantenimiento del orden interno.[60]

> De un modo general, en los estados modernos, la aplicación de la fuerza física para el mantenimiento del orden interno ha sido confiada a organizaciones especializadas no militares. Eso no quiere decir que la policía moderna no hace nada además de mantener el orden público a través de la fuerza; pero la diversidad de tareas desempeñadas por la policía en los días de hoy es [...] más el resultado de su propia adaptación a los requisitos de mantenimiento del orden y menos el resultado de la mezcla de tareas policiales y no-policiales.[61]

Finalmente, la policía es una institución *profesional* porque, en tiempos históricos más recientes, se comenzó a organizar en busca de

---

[59] *Ibíd.*, p. 46 y ss.
[60] Bayley señala que *"los militares abandonaron el policiamiento como consecuencia de dos factores: el desarrollo de ejércitos basados en el alistamiento compulsivo y cambios en la tecnología militar que tornaron el uso indiscriminado de la fuerza difícil de ser evitado"*. En: *Ibíd.*, p. 59.
[61] *Ibíd.*, p. 57.

una alta calidad en el desempeño de sus funciones sobre la base de una estructura burocrática y jerárquica compuesta por cargos, funciones y competencias ejercidas por un servicio funcionarial especializado –los policías– incorporado, capacitado y conducido de acuerdo con normas y reglas impersonales, todo lo cual se desarrolló significativamente en el marco de los estados modernos.[62]

Pues bien, este conjunto de particularidades institucionales convierte a la policía moderna en un *recurso o medio de poder* o, según Monjardet, en *"un instrumento de distribución de la fuerza en un conjunto socialmente definido"* que resulta *agnóstico* en cuanto a los objetivos o intereses sociales y políticos a los que puede responder o contribuir en una determinada comunidad. Como tal, la policía puede servir como un dispositivo de control político autoritario y de disciplinamiento social represivo de la población en el marco de un régimen dictatorial o bien puede conformarse como un instrumento de protección de las libertades y derechos ciudadanos en el contexto de un régimen democrático. Ello remite a dos cuestiones centrales, a saber, la *relación entre la policía y las autoridades gubernamentales* y las *funciones institucionales fundamentales de la policía*.

3. Gobierno y policía

La policía, como institución pública, forma parte del aparato del Estado y, más precisamente, del *sistema de seguridad pública*. Éste constituye un complejo institucional abocado específicamente a abordar y resolver los conflictos que se manifiestan en hechos de violencia y/o en acciones delictivas, a través de la prevención y conjuración de los mismos y/o la persecución penal de los responsables de estos últimos, es decir, de los delitos. Ello significa que, como lo destaca Brodeur, *"la producción de la seguridad no es reducible a las actividades de la policía pública"* sino que *"es una tarea asumida por un ensamble muy ramificado de agencias que no necesariamente trabajan conjuntamente"*.[63]

Como parte de este andamiaje institucional, la policía configura –o, al menos, *debe* configurar– una *instancia políticamente subordinada*

---

[62] *Ibíd.*, p. 60 y ss.
[63] Brodeur, Jean-Paul, *Les visages de la police…, op. cit.*, p. 9.

al gobierno estatal, ya que es éste quien fija su doctrina, organización y funcionamiento y quien establece los lineamientos políticos y estratégicos en cuyo marco la institución desarrolla sus acciones. No obstante, esta relación constituye una cuestión históricamente problemática cuyo nudo conflictivo pasa por el permanente contrapunto existente entre la *subordinación política* y la relativa *autonomía institucional*[64] que las policías detentan frente al poder político.

> [...] El órgano policial siempre está subordinado a la autoridad *política*. La responsabilidad final del comando de la fuerza pública, por la definición de sus orientaciones generales, fijación de sus prioridades coyunturales, distribución de sus medios y, en consecuencia, por la calidad de sus prestaciones, es política [...]. De manera general, las corporaciones policiales son rebeldes a esa subordinación al político. En nombre de la competencia profesional supuestamente requerida, reivindican que los empleos de la autoridad directa de la fuerza pública sean ocupados por policiales, y se insurreccionan contra la atribución de los puestos de dirección de los servicios a no-policiales.[65]

En ciertas ocasiones, este contrapunto no conlleva un cuestionamiento policial a la necesaria subordinación institucional a los mandatos establecidos por las autoridades gubernamentales sino, más bien, un cuestionamiento o resistencia a las políticas, orientaciones, perspectivas, estrategias y/o medidas establecidas por el gobierno para que sean desarrolladas por la institución policial, cuando éstas no se corresponden con los intereses o proyecciones institucionales autónomamente fijadas por la propia policía.

Entretanto, en numerosos casos, el gobierno político configura una cobertura institucional importante para la policía cuando ésta está sa-

---

[64] Según Max Weber, "*autonomía* significa, al contrario de *heteronomía*, que el orden de la asociación no esté otorgado –impuesto– por alguien fuera de la misma y exterior a ella, sino por sus propios miembros y en virtud de la cualidad de tales (cualquiera sea la forma en que esto tenga lugar)" (en: Weber, Max, *Economía y sociedad. Esbozo de sociología comprensiva*, Fondo de Cultura Económica, Buenos Aires, 1992, p. 40).

[65] Monjardet, Dominique, *O que faz a policia...*, *op. cit.*, p. 38.

cudida por fuertes crisis que cercenan su prestigio institucional o cuando resulta necesario potenciarla legal, financiera y/o infraestructuralmente.

Así, la resistencia autonómica a la conducción gubernamental se combina, en general y en diferente medida, con el apego instrumental a los mandatos gubernamentales y con la conformación de coaliciones político-policiales perfiladas a promocionar estrategias de seguridad exitosas contra el desorden o el delito, contorneando una relación ambivalente.

> [...] La ambivalencia policial en relación con la autoridad política se traduce con menos frecuencia en una contestación directa a la legitimidad de esa autoridad que en la aproximación y «alianza objetiva» con los segmentos políticos favorables a la obtención de recursos suplementarios (materiales, jurídicos, de prestigio, de autonomía). Las campañas bajo el *slogan* «la ley y el orden» son la expresión privilegiada de esas alianzas político-policiales en las que segmentos influyentes del cuerpo policial procuran y, a veces, consiguen (por lo menos temporalmente) invertir en su beneficio el sentido de la relación de dependencia [...].[66]

En definitiva, tal como lo señala Monjardet, *"la instrumentalidad institucional de las policías siempre pone en tensión la legitimidad de la autoridad política y la reivindicación de la autonomía profesional"*, tensión que se refleja en las estructuras organizativas y funcionales de la policía así como en sus pilares doctrinarios y culturales y en sus prácticas funcionales.

Ello no siempre se resuelve a favor del ejercicio del gobierno político y la conducción institucional superior de las policías de parte de las autoridades gubernamentales del ramo.[67] En numerosas ocasiones, ya sea por resistencias policiales o por incompetencias gubernamentales,

---

[66] *Ibíd.*, pp. 39 y 40.

[67] En este aspecto, nos distanciamos del argumento de la *instrumentalidad de la policía* ante las autoridades políticas que Monjardet desarrolla ampliamente en: *Ibíd.*, Cap. 4.

ese contrapunto desemboca en una situación de *autonomía política* de las instituciones policiales en cuyo contexto éstas logran sustentar una marcada independencia doctrinal, orgánica y funcional en su desarrollo y proyección institucional frente al gobierno estatal y frente a la sociedad, y a partir de la cual pueden desenvolver formas autosustentadas de prácticas político-institucionales.[68] Así, la autonomía política de las policías se sustenta en una aversión institucional a subordinarse a los dictados de las autoridades gubernamentales superiores y constituye un desafío institucional cierto al gobierno político del Estado. De ese modo, las policías, si bien son parte del Estado, actúan con frecuencia por encima y/o más allá de la autoridad del gobierno, manteniendo un grado de autonomía política que es proporcional a la apropiación policial de las prerrogativas políticas de ejercicio del gobierno que formalmente detentan las autoridades gubernamentales. De este modo, a medida que las policías acumulan poder autonómico, protegen corporativamente cada vez más sus intereses, orientaciones y prerrogativas políticas y resisten con mayor o menor éxito toda tentativa de que el gobierno retome o ejerza aquellas facultades de conducción que poseen en el papel legal.

De este modo, la *autonomía política de la policía* permite y da lugar a la constitución de los policías como actores políticos relevantes dotados de una relativa capacidad de proyección política autónoma bajo diferentes formas y sentidos, lo que pone en evidencia que la *autonomía política* de las instituciones policiales y el ejercicio de la conducción gubernamental sobre las mismas, en un punto, son excluyentes.

Ahora bien, para que una institución esté integralmente subordinada a una instancia superior, ésta debe ejercer una *modalidad eficiente de gobierno y conducción* sobre la misma. *No hay obediencia sin ejercicio del mando*, diría Weber. En consecuencia, en la relación articulada entre gobierno y policía, la efectivización del mando gubernamental puede

---

[68] Debe distinguirse claramente la *autonomía política* de las policías de la *autonomía profesional* de las mismas. Esta última está determinada por las condiciones, facultades e imperativos profesionales derivados de la organización y el funcionamiento institucional de las policías, tal como ocurre con todo organismo estatal con especificidad profesional. Ello no es incompatible con el ejercicio competente de la conducción gubernamental sobre la policía ni con la subordinación policial a los poderes públicos. Al contrario de la autonomía profesional.

ser fallida, parcial o inexistente no solamente por la resistencia o contestación policial sino por las deficiencias gubernamentales oficiales en el ejercicio de la conducción superior de la policía, lo que también da lugar, con ello, a diferentes formas de autonomía política.

Ello significa, entonces, que la autonomía política de la policía puede derivar tanto de las *resistencias policiales* como de las *defecciones gubernamentales* resultantes de la *falta de voluntad, interés o capacidad para desarrollar dicha dirección* de manera integral, más allá de los mandatos legales que puedan existir al respecto. En cualquier circunstancia, ello deriva en la *delegación* de la gestión de los asuntos de la seguridad pública y de la dirección de la institución policial que las autoridades gubernamentales han hecho a favor de la propia institución policial, dando lugar con ello a una situación institucional signada por el *desgobierno político de la policía*.

4. El trabajo policial

Como se dijo, la función y la labor básica de la *policía moderna* vigente desde mediados del siglo xix giran en torno del *control del delito* llevado a cabo mediante la *prevención* y la *investigación* de los mismos. Así se ha plasmado, además, en los principales plexos normativos que crean u organizan a las diferentes instituciones policiales en nuestras sociedades. En estas normas, la *prevención* es, en general, instituida como una labor dependiente del gobierno administrativo del Estado, mientras que la *investigación* de los delitos como una tarea policial desempeñada bajo la dirección de las autoridades judiciales competentes. A esto se añade el *mantenimiento del orden público* como una función y una labor policial también central, entendiendo a ésta como una tarea de prevención y conjuración de desórdenes y hechos de violencia vulneratorios de la paz social.

Por lo tanto, el paradigma de la *policía moderna* coloca a ésta como una institución cuya *función específica* está dada por la *contribución –junto con otras instancias estatales– a garantizar y proteger los derechos y libertades de las personas cuando éstos son lesionados por hechos delictivos y desordenes, y ello puede requerir el eventual uso de la fuerza pública*. La *Declaración de los Derechos del Hombre y del Ciudadano* aprobada en 1789 por la Asamblea Nacional Constituyente de Francia al final del Antiguo Régimen, estableció en su artículo 12 lo que despunta hasta nuestros días como el principio liminar de las funciones policiales modernas.[69]

> La garantía de los derechos del hombre y del ciudadano necesita de una fuerza pública; por lo tanto, esta fuerza ha sido instituida en beneficio de todos, y no para el provecho particular de aquellos a quienes ha sido encomendada.[70]

En este marco conceptual, la fuerza pública es instituida y habilitada en la institución policial *sólo* –esto es, *exclusivamente*– para garantizar y proteger los derechos y libertades de las personas, lo que hace que dicha fuerza tiene como única razón de ser aquellas misiones. Empero, las lesiones o vulneraciones a los derechos y libertades de las personas pueden derivar de un amplio espectro de eventos entre los cuales los hechos delictivos y los desórdenes constituyen apenas una expresión más. A su vez, ciertas lesiones pueden ser producidas por hechos que implican situaciones de violencia signadas por el uso de la fuerza de parte del infractor. En razón de ello, solamente la policía está social y legalmente investida de la facultad para actuar en función del *control* –prevención, conjuración, investigación– de dichos eventos y sólo ella está habilitada para hacerlo mediante el eventual uso de la fuerza física cuando resulte necesario.

Consecuentemente, *la policía*, en ese proyecto institucional, *configura una institución especializada en el control de los eventos delictivos y/o en el mantenimiento del orden público* y, en ciertas circunstancias específicas, la efectivización de esas función puede suponer el *uso de la fuerza pública en función de garantizar y proteger los derechos y libertades de las personas puestas en peligro o lesionadas por dichos eventos*.

Sin embargo, más allá de las funciones formalmente instituidas en los plexos normativos y de alguna manera también reflejadas en los estructuras organizacionales de las instituciones policiales, éstas llevan a cabo cotidianamente una enorme variedad de actividades y desarrollan una diversa gama de acciones, algunas de las cuales se encuentran di-

---

[69] Lévy, René, "Egon Bittner et le caractère distinctif de la police: quelques remarques introductives à un débat", en *Déviance et Société*, Ginebra, vol. 25, N° 3, 2001.

[70] Asamblea Nacional Constituyente, *Declaración de los Derechos del Hombre y del Ciudadano*, París, 4-11 de agosto de 1789.

rectamente inscritas en las funciones reconocidas formalmente y otras, quizá la mayoría, como se dijo, no derivan de hechos delictivos ni se enmarcan en las tareas de control del delito y de mantenimiento del orden público sino que responden, más bien, a demandas fácticas de prestaciones de servicios y de regulaciones sociales que se originan en la sociedad o en las propias estructuras gubernamentales. Asimismo, la capacidad efectiva de la policía para resolver y controlar el delito es ciertamente limitada con relación al tipo de problemática delictiva y al grado de incidencia sobre las condiciones que favorecen su comisión.

> El policiamiento criminal es generalmente reconocido como el meollo del mandato policial y la principal justificación para la existencia del establecimiento policial. Realmente, para la mayoría de los policías, solamente combatir el crimen es el «verdadero trabajo de la policía», aunque en la práctica real apenas una pequeña parte de todas las actividades policiales implican el control del delito. Además de eso, las fuerzas policiales no desarrollan una competencia técnica en el combate al crimen, siendo, así, capaces de resolver apenas una pequeña fracción de todos los crímenes sobre los cuales son informadas.[71]

Así, no sólo existe una relativa brecha entre las *funciones y mandatos formales de la policía* y el *trabajo policial* desarrollado cotidianamente sino que, como ya lo sostenía Goldstein hacia fines de los '70, las actividades policiales de mantenimiento del orden y de la paz social son más numerosas e importantes que aquellas orientadas al control del delito, las que, además, son restringidas y localizadas. *"La función de la policía es increíblemente compleja"* dado que *"el alcance total de las responsabilidades policiales es extraordinariamente amplio"*, señalaba con pertinencia el estudioso norteamericano.

> ¿Qué es lo que la policía hace con su tiempo cuando ella no está trabajando en asuntos relacionados con la criminalidad?. [...] La mayor parte de las horas están dedicadas a cuidar de

---

[71] Bittner, Egon, "Polícia urbana", en Bittner, Egon, *Aspectos do…*, *op. cit.*, pp. 30 y 31.

accidentes y personas enfermas, animales heridos y perdidos, y gente embriagada o drogada, además de tratar con disturbios familiares, peleas entre grupos de adolescentes y reuniones bulliciosas, eso sin hablar en los registros de daños a propiedades, accidentes de tránsito, personas desaparecidas y bienes hallados y perdidos. Tales pesquisas suponen la cantidad de tiempo dedicada a administrar los sistemas de registros y licencias, cuidar del tráfico, lidiar con reclamos de estacionamientos prohibidos, controlar la multitud en eventos públicos y, aun, lidiar con otros peligros y con deficiencias del servicio municipal que requieren atención. La principal área de actuación de la policía está localizada en las regiones más populosas y miserables de las grandes ciudades, donde la combinación de pobreza, desempleo, lugares destruidos, bajo nivel de instrucción y otros elementos de la desorganización social resultan, muchas veces, en que los policías son llamados para hacer el papel de padres o de algún otro pariente, y ocupar el lugar de asistentes sociales, inspectores de morada, abogados, médicos y psiquiatras. Es aquí también que la policía más frecuentemente cuida de aquellos que no se saben cuidar: los carentes, los borrachos, los viciados, los enfermos mentales, los seniles, los alienados, los deficientes físicos y los niños.[72]

Esta evidencia, tan bien descrita por Goldstein, puso en tela de juicio, según Reiner, el propio papel institucional de la policía moderna, ya que *"la policía (contrariamente a la mitología popular) no funciona, en la mayor parte de las veces, como combatiente del crimen o como instancia de aplicación de la ley, sino, más bien, como proveedora de una serie de servicios para los miembros de la población"*.[73]

Ello impone, por lo tanto, la necesidad de abordar al trabajo policial sobre la base del desarrollo de sus labores reales, más allá de sus mandatos legales, es decir, *"qué hace la policía y cómo lo hace"*.[74] Vayamos a ello.

---

[72] Goldstein, Herman, *Policiando…*, *op. cit.*, p. 42.

[73] Reiner, Robert, "Desmitificando à polícia. Pesquisa social e prática policial", en Reiner, Robert, *A política da polícia*, Edusp, São Paulo, 2004, p. 163.

[74] Alpert, Geoffrey, Dunham, Roger y Stroshine, Meghan, *Policing…*, *op. cit.*, Cap. 1.

4.1. El control del delito

El *control del delito* supone un amplio espectro de labores tendientes a *prevenir*, *conjurar* e *investigar* hechos delictivos o actividades criminales –potenciales o cometidos– mediante el desarrollo de dos conjuntos de labores básicas, a saber, el *policiamiento preventivo* y el *policiamiento complejo*.

Como lo destaca apropiadamente Curbet, tradicionalmente, el grueso de la policía asimila la actividad preventiva a la *disuasión*, entendiendo a ésta como una *"simple prolongación de la represión frente a situaciones previas a la comisión de un delito"*. Sin embargo, la prevención no configura una modalidad de policiamiento disuasivo-represivo, lo que resulta apuntalado por el hecho de que el criterio central de eficacia en la prevención policial está dado por *"la ausencia de delitos y de disturbios"* y no por *"la manifestación de la acción policial que intenta reprimir estos delitos y estos disturbios"*.[75]

En verdad, el *policiamiento preventivo* abarca el conjunto de tareas y actividades policiales tendiente a evitar u obstaculizar la posibilidad o la decisión de cometer un delito, o a identificar e impedir la realización de hechos o actos que, dadas determinadas circunstancias y elementos objetivos y concurrentes, pudieran resultar delictivos. Ello puede suponer una serie de diversas labores desenvueltas mediante ciertas acciones disuasorias inmediatas y directas de hechos que impliquen un riesgo o peligro evidente y que están orientadas a la *prevención directa* de los mismos. Otras labores pueden implicar acciones situacionales tendientes a neutralizar las condiciones favorables para la comisión de delitos a través de la *prevención indirecta o situacional* de los mismos. Asimismo, el policiamiento preventivo también comprende aquellas labores tendientes a inhibir, neutralizar o abortar en forma inmediata un hecho delictivo en desarrollo, evitando la producción de consecuencias ulteriores y eventualmente garantizando el aseguramiento de los presuntos delincuentes mediante la *prevención conjurativa*.

Las diferentes modalidades de *patrullamiento* –con automóviles, a pie, en bicicleta, a caballo, etc.– de determinados espacios jurisdiccio-

---

[75] Curbet, Jaume, *Democràcia i policia*, Direcció General de Seguretat Ciutadana, Barcelona, 1983, p. 49. Véase también: Bossard, André, "Las funciones policiales", en Rico, José María (comp.), *Policía y sociedad democrática*, Alianza Universidad, Madrid, 1983.

nales constituye la acción principal y predominante en el policiamiento preventivo. En algunos casos, dichas acciones son desarrolladas en orden de la perspectiva y orientación sustentadas por los propios policías de acuerdo con su experiencia u "olfato", sin que medien lineamientos resultantes de una planificación previa ni sean objeto de evaluación acerca del impacto de dichas labores sobre las situaciones de riesgo que las motivaron o que fueron invocadas para ello. En otros casos –en general, más recientes y menos frecuentes–, en cambio, son objeto de una meticulosa planificación resultante de un conocimiento estratégico y táctico detallado acerca de las "problemáticas delictivas" sobre las que la acción preventiva de la policía debe incidir, dando forma con ello a modalidades focalizadas de policiamiento preventivo.

En la práctica, las labores de policiamiento preventivo tienen como marco habitual de referencia a los *delitos patéticos*, es decir, un conjunto reducido de eventos delictivos que cuentan con ciertas particularidades fenomenológicas. Dichos eventos se desarrollan en un escenario espacio-temporal acotado; son de alta visibilidad pública; se desenvuelven generalmente en la vía pública; tienen una marcada impronta violenta; producen fuertes impactos dramatizantes entre sus víctimas y ante el resto de la sociedad; y cuentan con una significativa regularidad territorial y fenoménica. Además, en gran medida, se manifiestan como hechos toscos, burdos que son de fácil identificación y detección. Entre ellos sobresalen los asaltos, robos y hurtos de diversos tipos; las lesiones; las riñas; los desórdenes violentos; los homicidios dolosos cometidos en la vía pública; la compraventa de mercancías prohibidas; los ataques sexuales; las privaciones de la libertad.

La prevención policial de este tipo de eventos, ya sea directa, situacional o conjurativa, no aborda ni interviene sobre las condiciones sociales que favorecen o determinan su comisión y su reproducción regular en un determinado escenario social, sino que se asienta en la *evitación disuasoria o conjuración fáctica inmediata* llevada a cabo sólo a través de la proximidad de la presencia o reacción policial ante el evento concreto, independientemente de las modalidades de intervención policial, del dispositivo policial o de los medios o estrategias policiales.

La posibilidad concreta de que la labor preventiva de la policía produzca efectos y cambios en las complejas y diversas condiciones sociales generales que determinan las diferentes manifestaciones del delito en un determinado momento histórico es exigua y, en ciertas circunstancias, imposible. La reiterada postulación de direccionar las tareas policiales a modalidades de policiamiento local tendientes a actuar sobre aquellas condiciones resulta inocua y hasta ingenua ante la evidencia de que, en un determinado contexto histórico-social, las diferentes expresiones del delito derivan de una inconmensurable serie de condiciones sociales, económicas, culturales y/o políticas inabordable para cualquier forma de intervención policial, aun para el policiamiento comunitario.

Asimismo, en general, existe un conjunto de eventos delictivos que regularmente no forma parte de los objetivos del policiamiento preventivo, ya sea por su carácter soterrado, sus manifestaciones poco visibles públicamente, por sus expresiones no disvaliosas en sí mismas o por su escasa significación dramatizante. En este grupo de hechos delictivos se sitúan aquellos cometidos en la esfera privada o íntima de las personas o de los núcleos primarios tales como los delitos derivados de situaciones de violencia doméstica, de género o racial así como aquellos inscritos en la criminalidad organizada —y, en su marco, en los denominados "delitos de cuellos blanco" tales como los fraudes, la evasión tributaria, el lavado de dinero—, los delitos ecológicos, la corrupción o los delitos políticos. Tampoco forman parte habitualmente de la agenda del policiamiento preventivo los desórdenes, infracciones y delitos leves que cercenan la situación de seguridad local en los ámbitos vecinales o barriales.

> Las operaciones policiales tienen como característica que son dirigidas contra los «delitos comunes» y excluyen los «delitos de cuello blanco» relaciones con empresarios, profesionales, o con la conducta en cargos públicos, aunque no haya ninguna base formal para tal exclusión. [...] En regla general, cuestiones como soborno, evasión de divisas, desfalcos, fraudes, incumplimientos del deber por un funcionario público, error en la práctica de una profesión son dejados para otras agencias de cumplimiento de la ley. Por su preocupación con delitos en general practicados por personas pobres y su negligencia con relación a delitos cometidos

> exclusivamente por individuos considerados «bien de vida», las fuerzas policiales dan la impresión de actuar como se hubiese un preconcepto de clase [...].[76]

Vale decir, la actuación policial preventiva, como toda modalidad específica de intervención policial, es *parcial* y *selectiva*. *Parcial* porque no abarca el conjunto de eventos o problemáticas delictivas registrables. Y *selectiva* porque, sobre la base de ciertas prácticas estigmatizantes proclives a construir un *delincuente modelo* y/o *delitos atendibles*, recae sólo sobre ciertas personas, sectores o estratos sociales específicos o sobre ciertos tipos de hechos delictivos.

Ahora bien, el policiamiento preventivo resulta insuficiente para dar cuenta del accionar de organizaciones criminales estructuradas y dedicadas al desarrollo de emprendimientos económicos ilegales o al accionar político ilícito, todo lo cual constituye el eje articulante del *policiamiento complejo*. Éste abarca el conjunto de labores y actividades policiales tendiente a evitar, interrumpir o conjurar las actividades delictivas desarrolladas por *grupos delictivos organizados*, esto es, grupos estructurados compuestos por tres o más personas que existen y actúan concertadamente durante cierto tiempo con el propósito de cometer uno o más delitos graves con miras a obtener, directa o indirectamente, un beneficio económico u otro beneficio de orden material; intimidar a una población u obligar a un gobierno o a una organización internacional a realizar un acto o a abstenerse de hacerlo; o atentar contra los poderes públicos, el orden constitucional y la vida institucional, todo ello a través de la producción de inteligencia, el seguimiento y la investigación de tales grupos y emprendimientos, apuntando a su conjuración, persecución penal y desarticulación.

Entre las actividades delictivas desarrolladas por grupos y consorcios criminales se destacan el tráfico y comercialización de drogas ilegales, las diferentes modalidades del tráfico y venta ilegal de armas; el robo, "doblaje" y desarme de automóviles, y la venta ilegal de autopartes; los robos calificados y asaltos cometidos por los denominados "piratas del asfalto"; el secuestro de personas; el abigeato; el contrabando; y el tráfico

---

[76] Bittner, Egon, "Policía…", *op. cit.*, p. 32.

ilegal de personas, entre otros. Asimismo, entre la criminalidad compleja de carácter político despuntan las diferentes modalidades de terrorismo así como de aquellas relativas al accionar de organizaciones políticas ilegales que desarrollan actividades de insurgencia o que atentan contra el orden constitucional.

No obstante, resulta apropiado distinguir entre dos grupos de modalidades típicas de la criminalidad compleja. Por un lado, la *criminalidad organizada* que abarca las acciones delictivas cometidas por un grupo delictivo organizado con el propósito excluyente de obtener, directa o indirectamente, un beneficio económico u otro beneficio de orden material.[77] Y, por otro lado, la *criminalidad política* que comprende las acciones delictivas cometidas por un grupo delictivo organizado con el propósito predominante de practicar el *terrorismo*[78] o *atentar contra el orden constitucional o los poderes públicos.*[79]

En general, las actividades llevadas a cabo por estas asociaciones ilegales se materializan en un conjunto de diversos y complejos hechos

---

[77] Véase: Naciones Unidas, *Convención de las Naciones Unidas contra la Delincuencia Organizada Transnacional*, New York, 2000; Castle, Allan, *Transnational Organized Crime and International Security*, Institute of International Relations, The University of British Columbia, Working Paper N° 19, noviembre de 1997; Albanese, Jay, "The Causes of Organized Crime", en *Journal of Contemporary Criminal Justice*, New, York, Vol. 16, N° 4, noviembre de 2000; Schlegel, Kip, "Transational Crime. Implications for Local Enforcement", en *Journal of Contemporary Criminal Justice*, New, York, Vol. 16, N° 4, noviembre de 2000; Findlay, Mark, *The Globalisation of Crime. Understanding Transitional Relationships in Context*, Cambridge University Press, Cambridge, 2000.

[78] El *terrorismo* constituye una acción política violenta que se manifiesta mediante el uso de la violencia o la amenaza del uso de la violencia por parte de un grupo delictivo organizado a los efectos de infundir miedo o amedrentar a un determinado grupo de personas, causando la muerte o lesiones corporales graves a un civil o grupo de civiles o a cualquier otra persona o grupo de personas que no participen directamente en las hostilidades en una situación de conflicto armado, o produciendo daños en cosas o bienes, con el propósito, derivado de la naturaleza de las acciones o del contexto en el que se cometieron, de intimidar a una población u obligar a un gobierno o a una organización internacional a realizar un acto o a abstenerse de hacerlo. Al respecto, véase: Hoffman, Bruce, *A mano armada. Historia del terrorismo*, Espasa, Madrid, 1999; Reinares, Fernando, *Terrorismo y antiterrorismo*, Paidós, Barcelona, 1998; y Reinares, Fernando, *Terrorismo global*, Taurus, Madrid, 2003.

[79] Las *actividades que atentan contra los poderes públicos y el orden constitucional* configuran acciones delictivas cometidas por un grupo delictivo organizado a los efectos de alzarse en armas, amenazar públicamente, rebelarse contra el gobierno nacional, deponer alguno de los poderes públicos o impedir el libre ejercicio de sus facultades legales, todo ello con el propósito de atentar contra los poderes públicos, el orden constitucional y la vida democrática.

concatenados, que en sí mismos no son disvaliosos y que son llevados a cabo por una compleja trama de personas y grupos que, en numerosas ocasiones, constituyen una red extendida y difícilmente identificable a primera vista. Ello no resulta aprehensible mediante el policiamiento preventivo focalizado a eventos y problemáticas acotados sino que requiere de una modalidad específica de intervención policial dada por el *policiamiento complejo*.

El *policiamiento complejo* implica el desarrollo de acciones de *inteligencia criminal compleja* tendientes a identificar, conocer y analizar los hechos y actividades delictivas llevadas a cabo por organizaciones ilegales complejas, sus concatenaciones y enlaces vinculantes, sus modalidades y manifestaciones fenomenológicas, las circunstancias estructurales y coyunturales en cuyo marco se produjeron, sus factores determinantes y condicionantes, las personas o grupos que los protagonizaron como autores, instigadores, cómplices o encubridores, y sus consecuencias institucionales y sociales mediatas e inmediatas. También supone acciones de *conjuración criminal compleja* abocadas a neutralizar, impedir, dificultar o desarticular el accionar criminal y/o los grupos delictivos complejos o de sus actividades –o algunas ellas, al menos– mediante operaciones policiales de vigilancia y/o interceptación de las mismas o de personas o grupos que prestan apoyo o protegen a las organizaciones criminales o participan de las actividades delictivas llevadas a cabo por las mismas así como mediante operaciones policiales conjuntas o combinadas desarrolladas con los organismos o secciones especializadas de otras fuerzas de seguridad, instituciones policiales o agencias de inteligencia, sean nacionales, provinciales o extranjeras. Y si este conjunto de labores derivan en la identificación concreta del desarrollo de actividades criminales llevadas a cabo por grupos delictivos organizados, el policiamiento complejo también supone la *conjuración jurisdiccional compleja* mediante la constatación de tales actividades, de sus circunstancias concretas de tiempo, lugar y modo de ejecución; la individualización constatable jurisdiccionalmente de los responsables de los mismos; y la reunión de las pruebas para acusarlos penalmente, todo ello bajo la dirección judicial en el marco de la persecución penal de las infracciones mencionadas.

Ahora bien, la distinción tradicional entre *prevención administrativa* e *investigación judicial* de los delitos como funciones policiales básicas resulta insuficiente e inapropiada para dar cuenta del conjunto de tareas que desarrolla una policía moderna, tal como fueron expuestas. Ello responde a ciertas consideraciones fundamentales.

En primer lugar, debe destacarse que, ante un evento delictivo cometido o en desarrollo, las labores preventivas o conjurativas llevadas a cabo por la policía siempre suponen algún tipo de tarea ya inscrita en la etapa procesal de *instrucción del sumario judicial* en el marco de la investigación penal preparatoria[80] regulada en las normas procesales penales vigentes en la jurisdicción. En general, ante un hecho delictivo, la policía está obligada a hacerlo cesar, impedir que acarree consecuencias ulteriores, individualizar a los eventuales culpables, reunir las pruebas que puedan dar sustento a la acusación e investigarlo, ya sea de oficio, es decir, por iniciativa propia –cuando se trate de un delito de acción pública–, por denuncia o por requerimiento de una autoridad judicial competente. La investigación oficiosa puede iniciarse a partir de actuaciones policiales reservadas –tales como las enmarcadas en las tareas de inteligencia criminal desenvuelta por la policía o por algunas de sus secciones especializadas–, las que, ante el conocimiento de la comisión del delito de referencia, deben ser comunicadas en forma inmediata a las autoridades judiciales competentes.

Para todo ello, la policía está generalmente facultada para recibir denuncias; conservar los rastros materiales del delito y hacer constar el estado de las personas, las cosas y los lugares en los que se hayan cometido, mediante inspecciones oculares, exámenes técnicos y otras diligencias que suponen una actividad probatoria de urgencia –que casi nunca guardará equivalencia con una prueba pericial–; llevar a cabo registros domiciliarios, requisas de personas o clausuras de lugares, siempre que medien razones de urgencia; interrogar testigos; aprehender e incomunicar a los presuntos culpables y labrar acta de detención, identificar al imputado y leer sus derechos, pudiendo en algunos casos requerir información del mismo.

---

[80] En la mayoría de los sistemas procesales penales modernos, la *instrucción*, en tanto etapa investigativa previa y preparatoria a la del juicio, tiene por objeto comprobar la existencia de un hecho delictivo, establecer las circunstancias del mismo –que contribuyan a su calificación y a la identificación de agravantes, atenuantes o justificaciones del mismo–, e individualizar a los partícipes, es decir, a su autor o autores. Así, es la etapa de proceso penal en la que se procura establecer si existen elementos de convicción para enjuiciar al imputado o, en su defecto, sobreseerlo.

Las actuaciones policiales que pueden derivar del ejercicio efectivo de este conjunto de facultades son, en general, comunicadas inmediatamente al juez o fiscal competente, lo que, en general, constituye un acto inicial promotor del proceso instructorio. Desde entonces, y bajo la dirección de alguna de estas autoridades judiciales, la policía actuante debe realizar el *acta o sumario de prevención* en el que debe constar el lugar y la fecha de las mismas, los datos personales de las personas intervinientes, las declaraciones recibidas, los informes producidos y el resultado del conjunto de diligencias realizadas.

Por cierto, estas actuaciones son realizadas por la policía –ya sea que esté abocada al policiamiento preventivo o al policiamiento complejo– en el carácter de *auxiliares judiciales* y, dado que lo hacen bajo la dirección de las autoridades judiciales competentes, durante las mismas dejarán de depender funcionalmente del poder administrativo. Ello, por lo tanto, desdice la dicotomía funcional entre prevención administrativa e investigación judicial que ha signado a los enfoques tradicionales de las labores policiales.

En segundo término, cualquier unidad o dependencia policial, esto es, una dependencia dedicada al policiamiento preventivo tanto como una dedicada al policiamiento complejo, puede ser convocada por las autoridades judiciales a los efectos de llevar a cabo determinadas diligencias procesales en el marco de la investigación instructoria. Estas actividades pueden suponer labores de recolección de información o elaboración de análisis de inteligencia, seguimiento de personas, interceptaciones de comunicaciones telefónicas o de otro tipo, análisis patrimoniales o ambientales, vigilancias, etc. Todas estas actividades son mayoritariamente desarrolladas por diferentes dependencias de la *policía administrativa* pero lo hacen *en función judicial*, lo que también desmerece la mencionada dicotomía funcional entre prevención administrativa e investigación judicial de la policía.

Además, habitualmente, se tiende a subsumir las labores propias del policiamiento complejo en las tareas de investigación criminal en el marco de las actividades de colaboración con la justicia y, en ese marco, se identifica a la policía abocada a la seguridad compleja como dependencias casi exclusivamente dedicadas al policiamiento investigativo en función judicial. Ciertamente, los cuerpos o secciones policiales especializadas en el policiamiento complejo conjurativo de las diferentes modalidades de la criminalidad organizada son habitualmente utilizados por las autoridades judiciales para el desarrollo de actividades instructorias de investigación criminal. En determinados casos, la policía administrativa cuenta con secciones de policía técnico-pericial o científica exclusivamente abocadas a colaborar con la justicia en las investigaciones de los delitos. En otros casos, existen cuerpos policiales técnicos-judiciales dependientes orgánica y funcionalmente de Ministerio Público Fiscal o del Poder Judicial.

Sin embargo, el policiamiento complejo no es análogo ni semejante a la investigación criminal. Es mucho más abarcativo y específicamente diferente de aquélla. La investigación criminal está perfilada a la *averiguación de los hechos delictivos* registrados y judicializados en función de su esclarecimiento, siempre bajo la esfera judicial, mientras que el policiamiento complejo, como se dijo, consiste en el estudio y la investigación administrativa de las diferentes formas de criminalidad organizada fuera del marco de la actividad jurisdiccional y bajo la esfera administrativa –*inteligencia criminal compleja*–. Cuando en el marco de esta última actividad administrativo-policial, los efectivos intervinientes conocen o dan cuenta de las actividades de un grupo delictivo complejo o necesitan de una medida intromisiva para ello, deben darlo a conocer a las autoridades judiciales competentes o solicitar de éstas las debidas autorizaciones. Pero solamente intervienen en la investigación criminal de estas problemáticas delictivas cuando así lo requieren las autoridades judiciales del caso y siempre bajo su dirección, conformando una suerte de *conjuración jurisdiccional compleja*.

4.2. *El mantenimiento del orden público y el asistencialismo policial*

Más allá del *control del delito*, el trabajo policial transcurre en gran medida en torno de actividades y acciones orientadas al *mantenimiento del orden público* mediante el desarrollo de labores orientadas a evitar, impedir o poner fin a desórdenes y hechos de violencia vulneratorios de la paz social. La policía dirige el mayor esfuerzo institucional hacia el desarrollo de estas tareas que, en verdad, suponen una forma de *"armonización de las libertades públicas".*[81]

---

[81] Véase: Curbet, Jaume, *Democràcia...*, *op. cit.*, Cap. II; y Bossard, André, "Las funciones...", *op. cit.*

En efecto, en función del *mantenimiento del orden público*, la institución policial está básicamente orientada a prevenir, neutralizar y conjurar cualquier tipo de hecho, falta o comportamiento –violento o no– que obstruya, limite o cercene la paz social y la libertad personal o que vulnere la situación de seguridad de las personas. Dicha intervención compromete tareas de diversa índole, tales como la dispersión de grupos tumultuosos en la vía pública; la conjuración de disturbios o hechos perturbadores de la convivencia; el control de grandes concentraciones de personas en espectáculos o actos colectivos y públicos; el control del tránsito vehicular y de la circulación en la vía pública; la vigilancia y el cuidado de los espacios y lugares públicos de circulación, esparcimiento o concentración de personas; la neutralización o conjuración de conflictos familiares, sindicales, gremiales o sociales que implican situaciones de violencia prohibidas; la intervención asistencial frente a suicidas, grupos de riesgo, urgencias, accidentes, incendios, catástrofes naturales, etcétera.

En buena medida, este conjunto de labores son desarrolladas por la policía ante hechos o situaciones que implican acciones violentas o coactivas o la inminencia o potencialidad cierta de violencias y coacciones, y que, a su vez, conllevan también acciones coercitivas y hasta el uso directo de la violencia o la amenaza de ello de parte de la propia policía, configurando una especie de *regulación disciplinante* que cuentan con una amplia legitimidad social y política aunque, en numerosas ocasiones, no estén vinculadas con cuestiones criminales y exista un marco legal o reglamentario claro al respecto.

> Algunos fenómenos de masa, tanto los programados como los de naturaleza espontánea, exigen un monitoreo [de la policía]. Lo más importante es controlar multitudes en estadios incipientes de desorden. El fantasma de la violencia de las turbas frecuentemente exigen medidas que envuelven coerción, inclusive el uso de la fuerza física.[82]

---

[82] Bittner, Egon, "Policiamento en áreas deterioradas: um estudo da manutenção da paz", en Bittner, Egon, *Aspectos do…*, *op. cit.*, p. 48.

Algunas de estas labores policiales suponen, en cambio, intervenciones puntuales ante disputas y peleas violentas o potencialmente violentas entre personas o grupos pequeños de personas que, en numerosísimas ocasiones, pertenecen al mismo núcleo familiar o vecindario, o que tiene lugar entre personas conocidas y próximas o que derivan del comportamiento agresivo de jóvenes. Muchas veces, esos conflictos encubren reyertas reales y concretas, pero, otras tantas, suponen problemas ficticios o imaginarios en cuyo marco la invocación a la ley por parte de los policías es compleja, intrincada y queda a criterio de la interpretación policial.

No obstante, otras tantas tareas desempeñadas por la policía son ajenas al núcleo duro de las actividades policiales de control del delito pero también lo son con relación a las *regulaciones disciplinantes* mencionadas anteriormente. Y, además, si bien no son labores en sí mismas ilegales –aunque, como veremos, pueden favorecer o habilitar prácticas ilegales–, no conllevan una invocación de la ley ni están legal o reglamentariamente reguladas como tareas policiales. Lo cierto es que ocupan gran parte del trabajo cotidiano de la policía y convierten a los uniformados en *"agentes para todos los fines"* y en *"remedio para lo que quiera que sea"*,[83] dando forma con ello a una suerte de *trabajo policial soterrado* que asume diferentes modalidades.

En este sentido, la policía lleva a cabo un conjunto de *regulaciones administrativas* que, como lo destaca Bittner, giran en torno de *"la supervisión de algunos servicios y locales que requieren licencia de funcionamiento y los reglamentos de tránsito"*. Con relación a la primera labor, la policía tiende a inspeccionar esos servicios o locales poniendo especial énfasis en aquellos casos en los que se llevan a cabo actividades de *"explotación de fines indeseables o ilegales"* o en donde existen incumplimientos regulatorios pasibles de sanciones. La labor de supervisión policial se convierte en un trabajo sistemático de tráfico de favores y de coacciones que, a su vez, se traduce en una *"red de conexiones repletas de influencias, presiones e informaciones"* cuyos contactos y vinculaciones adquieren *"un valor adicional para la solución de crímenes y el mantenimiento del orden público"* pero que, casi siempre, favorece prácticas policiales corruptas. Y, con re-

---

[83] *Ibíd.*, p. 45.

lación a la labor de regulación del tránsito, acontece algo parecido pero menos complejo y también demanda un enorme esfuerzo institucional en recursos humanos y operacionales.

Asimismo, la policía desarrolla toda una suerte de *regulación fáctica* de ciertas relaciones sociales mediante la abstención de aprehender o sancionar a una persona, cuando ello fuese lo que las normas o reglamentaciones impusieran, ante delitos o faltas leves, de menor porte o gravedad, lo que, entre otras cosas, varía sensiblemente dependiendo del sector o segmento social de que se trate. En ciertos casos, estas regulaciones fácticas no solamente suponen el hecho de que *"los policías no sólo dejan de invocar formalmente la ley, sino también emplean sanciones alternativas"*, tales como conminar a no repetir el hecho, prestar una vigilancia focalizada en los infractores perdonados, hacer uso de la fuerza, ilegalmente, por cierto, sobre los infractores como medio de disciplinamiento, imponer dádivas, etc., todo lo cual también supone la canalización de numerosas labores cotidiana de la policía.

> El poder de aprehender y la libertad de no efectuar la prisión pueden ser usados en casos que no envuelven delitos patéticos. Un policía puede decir a una persona cuyo comportamiento él desea controlar "esta vez voy a dejarte libre", sin contarle a la persona que, de cualquier forma, ella no podría haber sido inclusive detenida. Esto no siempre es un engaño deliberado, pues en muchos casos la ley es suficientemente ambigua para permitir interpretaciones alternativas. En suma, no realizar una detención raramente es –sí es que alguna vez fue– una mera decisión de no actuar; en la mayoría de las veces, se trata de actuar de un modo alternativo. En los casos de delitos menos graves, hacer una detención muchas veces es apenas una entre varias elecciones posibles de acciones apropiadas al caso.[84]

Y, finalmente, la policía lleva a cabo labores de *regulación especial* sobre personas que, en la visión policial y, en gran medida, en la opinión social generalizada, requieren de ciertos controles específicos tales como los enfermos mentales, los menores de edad, los suicidas, los mendigos

---

[84] *Ibíd.*, p. 47.

y cirujas o cualquier otro estrato o grupo estigmatizando social y/o policialmente como observables, los que *"incluyen personas que no llevan vidas «normales» y cuyo status es de paria de la sociedad"*, tales como *"los habitantes de guetos étnicos, ciertos tipos de bohemios y vagabundos, y personas con pasado criminal reconocido"*.[85]

En suma, este conjunto de regulaciones no excluyen la posibilidad de *"invocar el proceso criminal"* y, de hecho, en numerosos casos derivan o conllevan detenciones. No obstante, la mayoría de estos tipos de intervenciones policiales no implican la detención de personas y tal determinación queda, de hecho, en la esfera de la *discrecionalidad* que signa la labor policial cotidiana.

> Cuando las detenciones son hechas, existen, por lo menos en términos ideales, ciertos criterios de referencia por los cuales la detención puede ser juzgada como que fue hecha de modo más apropiado (o menos), y hay algunas personas que, en el curso natural de los hechos, realmente juzgan tal desempeño. Pero para acciones que no resultan en detención, no hay tales criterios ni tales jueces. ¿Cómo, entonces, pueden considerase necesarias y apropiadas esas acciones? Como no existe ninguna respuesta oficial para la cuestión –y como los actos de los policías en el papel de mantenimiento de la paz ocurren sin mucho direccionamiento o límites externos– la cuestión que surge es cómo el propio policía sabe que hay algún trabajo que hacer con una persona que él no detuvo; y, si la respuesta fuese positiva, qué trabajo puede ser ése. Además de eso –en caso que exista un dominio de preocupaciones y acciones bastante independiente del mandato del policiamiento–, es razonable asumir que tal dominio va a ejercer algún grado de influencia sobre cómo y con qué fines se invoca la ley cuando hay detención.[86]

Ahora bien, esta extensa gama de labores orientadas al mantenimiento del orden público o derivado de éste, no agota las tareas que cotidianamente lleva a cabo la policía, ya que ésta también des-

---

[85] *Ibíd.*, pp. 48 y 49.
[86] *Ibíd.*, p. 49.

envuelve un conjunto de actividades que configuran una suerte de *asistencialismo policial*. En efecto, tal como lo destaca Bittner, la disposición de la policía a brindar asistencia a *"personas con problemas"* da forma a una serie de acciones y tareas desarrolladas regularmente por la institución, tales como la prestación de ayuda ante situaciones de emergencia o a personas en riesgo, perdidas, desorientadas o que sufrieron lesiones graves, la provisión de información al público, el control de animales sueltos o la derivación a otras agencias o servicios sociales.[87]

Por cierto, este conjunto de acciones y tareas configuran una suerte de *regulaciones asistenciales* que no son abarcables y no están comprendidas por el *control delictivo* ni tampoco por las *regulaciones disciplinantes, fácticas, administrativas* o *especiales* orientadas al *mantenimiento del orden público*,[88] y que convierten a los policías en verdaderos *"trabajadores sociales"*.[89]

5. La discrecionalidad policial

Las circunstancias concretas en las que la policía desarrolla su trabajo cotidiano así como la complejidad de las funciones que debe efectivizar en esas circunstancias, las que siempre son singulares y en general poco previsibles, determinan el carácter *discrecional* de la actividad policial. En efecto, la policía, en tanto institución encargada de aplicar la ley mediante la prevención y conjuración de delitos, dispone de un amplio

---

[87] Algunos autores como Anneke Osse sostienen que la *provisión de asistencia al público* constituye una función policial básica tan importante como la *prevención y detección del crimen* y el *mantenimiento del orden público* (en: Osse, Anneke, *Understanding Policing...*, *op. cit.*, Cap. 3). Alpert, Dunham y Stroshine indican, además, que *"mientras policías y ciudadanos tienden a identificar la lucha contra el crimen como el principal mandato de la policía, algunos estudios han mostrado consistentemente que la policía dedica relativamente poco tiempo en las actividades de control del delito, gastando la mayoría de su tiempo en el mantenimiento del orden y en las funciones de prestación de servicios"* (en: Alpert, Geoffrey, Dunham, Roger y Stroshine, Meghan, *Policing...*, *op. cit.*, p. 143).

[88] No obstante, algunos autores sostienen que el desarrollo de las labores asistenciales de parte de la policía contribuye significativamente con las labores desarrolladas por esta institución en el control del delito y el mantenimiento del orden público porque, a través de aquéllas, la policía adquiere conocimiento acerca de la comunidad y los ciudadanos ganan confianza en ella. Véase: Alpert, Geoffrey, Dunham, Roger y Stroshine, Meghan, *Policing...*, *op. cit.*, p. 143.

[89] Neocleous, Mark, *The Fabrication of...*, *op. cit.*, p. 94.

margen de iniciativa y decisión durante el desempeño cotidiano de sus funciones. José María Rico destaca que el *"poder discrecional"* de la policía se refleja en la toma de decisiones que llevan a cabo habitualmente los agentes policiales durante el desarrollo de sus labores, relativos a aspectos que no están estricta y específicamente regulados por reglas legales y que contiene un *"elemento significativo de juicio personal"*.[90]

Según Laubet del Bayle, ese margen de apreciación policial, que en la tradición anglosajona se lo denomina *"police discretion"*, deriva de tres condiciones fundamentales. En primer lugar, las leyes y normas que regulan el sistema penal y la seguridad pública de una sociedad contiene un conjunto de preceptos y disposiciones de carácter general que difícilmente reflejan o contemplan la enorme diversidad y complejidad de situaciones, hechos y casos concretos sobre los que esas mismas prescripciones formales deben ser implementadas. La policía, entre otras agencias del sistema penal, es responsable de aplicar los preceptos y disposiciones legales de carácter general a diversas situaciones o conflictos concretos y lo debe hacer mediante la interpretación de dichas normas a la luz del caso singular. Su actuación específica deriva de esa *apreciación puntual*. En segundo término, existe una enorme multiplicidad de leyes, normas y reglamentos referidos de algún modo a la seguridad pública y a los diferentes aspectos que hacen a ésta y al accionar policial. No obstante, esa multiplicidad normativa no engloba todas las situaciones concretas frente a las cuales la policía está obligada a actuar cotidianamente y de hecho actúa. En numerosas ocasiones, dicha multiplicidad enmarca normas y disposiciones dispares y hasta contradictorias, lo que obliga a la policía a tener que interpretar esa diversidad en cada situación puntual, optar el curso a seguir y escoger los medios adecuados para la intervención decidida. Y, finalmente, se dan habitualmente condiciones concretas en las intervenciones policiales que derivan del hecho de que éstas casi siempre son desenvueltas en situaciones de crisis que requieren respuestas urgentes e inmediatas sobre el mismo terreno, lo que le impone al agente policial actuante la necesidad de tomar decisiones rápidas que implican *"la puesta en acción de capacidades de enjuiciamiento*

---

[90] Rico, José María, "El poder discrecional de la policía y su control", en Rico, José María (comp.), *Policía y...*, *op. cit.*

e iniciativa que revelan particularidades relativamente específicas de la acción policial".[91]

> Las leyes deben ser concebidas y presentadas necesariamente en términos generales, no pudiendo por consiguiente prever todas las hipótesis y soluciones que plantean y exigen los problemas sociales relacionados con la acción policial. Si lo hicieran, podrían correr el riesgo de quedar desprovistas de alcance práctico e, incluso, de paralizar la actividad de la policía. Por otra parte, las leyes son a menudo ambiguas e imprecisas, siendo el policía quien, evaluando cada situación, deberá decidir acerca de la manera más «justa» de aplicarlas. Esta ambigüedad de la terminología legal, consecuencia de la imposibilidad de la norma de prever los detalles de cada caso, puede asimismo resultar de limitaciones en el lenguaje y, en determinadas circunstancias, ser incluso intencional, en la medida en que se intente asegurar una mayor flexibilidad a la legislación. Aun en la hipótesis de que la ley estuviera exenta de tales defectos, parece evidente que una aplicación total de las leyes penales no constituye una expectativa realista. Independientemente del hecho de que ninguna sociedad dispone de los recursos suficientes para garantizar tal aplicación, la ley penal podría transformarse en algo intolerable «si cada policía, fiscal, juez o agente de intervención cumpliera con sus obligaciones conformándose estrictamente a la reglas legales» [C. Breitel].[92]

La *apreciación policial* no configura, así, un atributo exclusivo de los jefes de las instituciones policiales sino que constituye una facultad fáctica también existente en los renglones más bajos de la estructura jerárquica de tales instituciones. En efecto, las consecuencias de la apreciación policial no sólo repercuten significativamente sobre la sociedad y, en particular, sobre la vida, la libertad y la seguridad de las personas sino que también genera importantes efectos en el interior de la propia institución policial y básicamente sobre la policía de base, que es la que

---

[91] Laubet del Bayle, Jean-Louis, *La policía...*, *op. cit.*, Cap. 4.
[92] Rico, José María, "El poder discrecional...", *op. cit.*, p. 213.

se encuentra cotidianamente enfrentada a problemas concretos que debe resolver en forma inmediata, adoptando constantemente decisiones críticas que ponen en juego la vida y la libertad de terceros y la propia. En general, la intervención policial deriva de la evaluación efectuada por el policía con relación a las diferentes *posibilidades de acción*. Pero dicha evaluación debe realizarse en forma inmediata y asentarse en la observación directa de los hechos y las personas intervinientes y en el juicio personal acerca del accionar a seguir.

En determinados casos, inclusive, estas particularidades del trabajo policial dan lugar a una suerte de *"inversión jerárquica"* a través de la cual el eje de gravitación de la actuación policial se desplaza de los niveles superiores de conducción de la institución hacia los niveles operativos de la misma.

> [...] Los policías «ejecutantes» disponen sobre el terreno de un margen de iniciativa considerable, ligado a la parte de imprevistos, adaptaciones, opciones que caracterizan muchas de las situaciones que encuentra y los obligan a reaccionar sin tener la posibilidad material de dar cuenta a los escalones jerárquicos superiores, los que no tienen ni información ni tiempo de intervenir para dar sus órdenes. Por otra parte, cuando el mecanismo jerárquico puede funcionar, los responsables afectados, alejados del terreno, son tributarios de los datos trasmitidos por los agentes de base y de las interpretaciones que éstos pueden darles, lo que puede conducir a situaciones de distanciamiento, cuando no de inversión, entre la descripción formal del mecanismo de la cadena jerárquica y la realidad de su funcionamiento.[93]

Estas condiciones dan lugar a una relativa *autonomía funcional* de la policía con relación tanto al gobierno político encargado de la programación e implementación de la política de seguridad pública y criminal como también a las propias autoridades policiales responsables de su conducción operativo-funcional. Inclusive, los márgenes de apreciación policial pueden dar lugar o favorecer una situación de autonomía funcional

---

[93] Laubet del Bayle, Jean-Louis, *La policía...*, *op. cit.*, p. 55.

en la que la policía termina estableciendo *criterios y prácticas autodefinidas y autosustentadas* independientemente de las directivas políticas e institucionales superiores y que hasta pueden conllevar la ruptura del principio de legalidad que debe regir la actuación policial en todo momento.

En función de ello, en las policías modernas, como lo indica Rico, *"reconocer la necesidad del poder discrecional de la policía no supone la aceptación sin reservas del mismo"*,[94] ya que el ejercicio de estas atribuciones discrecionales por parte de los policías es, en general, susceptible de control, particularmente, de control sobre la utilización que se hace de la libertad administrativa conferida legalmente al organismo y a sus funcionarios.[95] No hay actos discrecionales al margen del derecho, en razón de lo cual nunca el ordenamiento jurídico puede conferirle al órgano administrativo –en nuestro caso, a la policía– la libertad absoluta para obrar o no obrar, o para impedir el control de sus actividades. En consecuencia, resulta inadmisible que las instituciones policiales y los policías dispongan de la posibilidad de optar o elegir entre distintas alternativas de actuación. Por eso, las referidas atribuciones no constituyen *potestades administrativas discrecionales* sino, más bien, *facultades de apreciación* orientadas a determinar las circunstancias concretas que han de ser tenidas en cuenta en cada actuación policial, siempre que dicha actuación esté regida por el principio de legalidad.

> [...] No se puede admitir que la policía disponga de una *posibilidad de elegir* entre varias hipótesis; posibilidad que es una de las características más significativas de las potestades discrecionales [...]. En la actividad policial no hay, ni puede haber, tal posibilidad electiva, que es siempre lícita por mucho margen apreciativo que la acompañe. Así, por ejemplo, o hay motivos lícitos para detener o no los hay; o concurren las circunstancias que amparan jurídicamente la disolución policial de una manifestación o no concurren. No hay facultades de elección en el régimen jurídico de la policía [...].[96]

---

[94] Rico, José María, "El poder discrecional...", *op. cit.*, p. 214.

[95] Véase: Sesín, Domingo Juan, *Administración pública. Actividad reglada, discrecional y técnica*, Ediciones Depalma, Buenos Aires, 1994.

[96] Villagómez Cebrián, Alfonso, *Las fuerzas y cuerpos de seguridad: del orden público a la seguridad ciudadana*, Ara Solís, Galicia, 1997, pp. 192 y 193.

Igualmente, aun en estas condiciones institucionales, nunca los márgenes de *apreciación policial* se hallan integralmente explicitados en las normas que regulan la actuación policial, ya que éstas, como se dijo, no pueden prever, englobar, reflejar o dar cuenta de todas aquellas circunstancias concretas en las que debe actuar la policía. La *apreciación policial* se manifiesta en los dos momentos básicos de toda intervención. En primer lugar, cuando la policía constata e identifica la concurrencia de un *evento* –o conjunto de hechos o conductas– cuya inminencia o comisión puede entrañar o entraña efectos lesivos contra otras personas, y, en consecuencia, decide intervenir. Y, en segundo término, cuando debe decidir el *momento* de intervenir y elegir la *forma* y los *medios* materiales a ser utilizados para efectivizar la intervención.

Monjardet sostiene que, en el trabajo cotidiano de la policía, la discrecionalidad policial no se refiere a la *"autonomía profesional"* de un trabajador calificado porque lo que dicha discrecionalidad supone no equivale al necesario margen de apreciación en la aplicación de una tarea definida y claramente establecida sino, más bien, *"a la definición de la propia tarea"*. En consecuencia, una de las propiedades generales y esenciales del trabajo policial está dada por la *selección* de tareas y actividades que se hace cotidianamente.

> El trabajo policial no procede de una suma de tareas prescritas sino de la *selección*, por los propios interesados, de sus actividades. Por ese motivo, son los mecanismos de ese proceso de selección que son los principales determinantes de la definición, de la organización y del análisis del trabajo policial.[97]

El amplio y complejo espectro de labores y tareas que se le reclaman formal e informalmente a la policía de parte del público, de las autoridades políticas y de los magistrados así como la imposibilidad fáctica de llevarlas a cabo de manera integral y universal determinan y condicionan el proceso de selección que hace a la *"verdadera naturaleza de la policía"*.

---

[97] Monjardet, Dominique, *O que faz a policía…*, *op. cit.*, p. 45.

> Conjunto potencial de tareas –que corresponde a la suma de los pedidos dirigidos a la policía por el público, de las denuncias que solicitan su intervención y de las misiones formalmente prescriptas por la jerarquía de la institución (y de las otras agencias del Estado habilitadas a requerir el personal policial)–, ese conjunto es, por lo tanto, muy superior a la capacidad de trabajo de toda unidad policial. Y si apenas se trata de «hacer respetar la ley», cualquiera percibe que está excluido hacer respetar todas las leyes, por todos y todo el tiempo. Por consiguiente, lo que constituye y organiza concretamente el trabajo [policial] es el *proceso o modo de selección* al cual inevitablemente es preciso recurrir y del cual transcurrirán las tareas realmente realizadas. [...] Todas las observaciones demuestran que ese proceso de selección se efectúa de acuerdo con los más diversos modos, desde los más formales hasta los más clandestinos, en todos los grados de la jerarquía y según los más variados criterios. Desde respetar la nota de servicio imperativa, que prevé efectivos, horarios y detalles de actividades, hasta la ceguera voluntaria delante de una denuncia que se efectúa en el cuarto de hora antes del fin del servicio, el proceso de selección asume todas las formas y se refiere, en grados diversos, a toda la línea jerárquica. No obstante, su permanencia, lo que le otorga esa casi clandestinidad, es esa multiplicidad de canales: siempre en acción, jamás evocado, el proceso de selección sólo constituye objeto de explicitación en el caso en que es patente el empleo de prioridades formales. No son los casos más frecuentes, y, si en una jerarquía de prioridades el proceso de selección reposa siempre *in fine*, tales prioridades son, por su parte, objeto de debate y hasta de conflictos.[98]

Para Monjardet, el proceso de selección que hace a la autonomía y discrecionalidad policial resulta de dos dimensiones constitutivas del trabajo policial. Por un lado, de la relación entre la orden o prescripción jerárquica y la imprevisibilidad de la demanda inmediata o de la situación que impone la actuación, en cuyo marco se determina *"qué se hace"* y *"quién lo hace"*. Y, por otro lado, de la relación entre la autonomía y

---

[98] *Ibíd.*, pp. 46 y 47.

el control, en cuyo contexto se determina *"cómo se hace"*. La selección, siempre combinada, hecha por los policías en ambas dimensiones tiene el carácter de *"proceso discrecional permanente"*, es decir, que *"atraviesa en todos los aspectos las posibilidades y las prácticas de codificación reglamentario o de control jerárquico"*.[99]

6. Policía y criminalización

En el ámbito anglosajón se define a las policías como agencias de *aplicación de la ley* o *law enforcement*. En verdad, las instituciones policiales, más que la ley, tienen como marco de referencia de sus funciones y de su actuación al *delito* y, por ende, al conjunto de normas penales que lo definen como tal.

Toda sociedad construye una noción de *delito* a partir de la clasificación, distinción e identificación –cultural y jurídica– de aquellas *acciones sociales* no-deseadas y prohibidas que son consideradas generadoras de algún tipo de *daño* o *lesión* sobre personas, grupos, organizaciones o colectividades. Ese daño o lesión puede significar un perjuicio violatorio de un conjunto de condiciones constitutivas de las personas tales como la vida, la libertad individual y social, la integridad física o sexual, el honor, la privacidad o la propiedad de las mismas. También puede cercenar ciertas condiciones colectivas como la seguridad pública y el orden público, los poderes públicos y el orden constitucional, la administración pública, la fe pública, la salud pública o diferentes aspectos de la vida social y económica. En razón de ello, dichas acciones poseen una impronta socialmente *disvaliosa*, es decir, constituye una acción jurídicamente reprobable y, por ende, *ilícita*.

Ahora bien, el delito constituye un *artificio* resultante de un acto formal, es decir, de una operación simbólica y convencional de distinción y diferenciación o, dicho de otro modo, deriva de una *construcción conceptual y jurídica*. Lo que en determinada sociedad o momento histórico es conceptualizado y tipificado como delictivo, no necesariamente lo es en otro contexto social o temporal. Lo delictivo

---

[99] *Ibíd.*, p. 54. Para las cuestiones de la *autonomía policial* como forma de discrecionalidad, véase también: De Valkeneer, Christian y Francis, Vincent, *Manuel de sociologies policières*, Larcier, Bruselas, 2007, Cap. 2.

resulta, así, de una conceptualización jurídica mediante la cual se tipifica un conjunto de acciones violatorias del orden jurídico y que, en tanto disvaliosas y reprobables, son pasibles de una cierta *punición institucional*, siempre que se compruebe fehacientemente que el hecho ha importado la infracción de una norma y que dicha infracción no está legalmente autorizada.[100]

De este modo, el *delito* es un *producto social y cultural*[101] que sólo en su expresión positiva y formal configura una infracción del orden jurídico merecedora de una *pena*, siempre que el carácter ofensivo del mismo esté estrictamente dado por la lesión de un bien jurídicamente regulado, es decir, por la lesión de un interés social jurídicamente protegido. En este sentido, *el delito o el acto delictivo es la acción de violar las leyes penales,*[102] lo que, al decir de Tamar Pitch, no implica *"la negación de la existencia «real» de actos singulares o complejos de acciones que tienen consecuencias negativas para las vidas, los intereses, los valores de individuos o grupos sociales"*, sino que obliga, más bien, a dar cuenta del complejo proceso social de criminalización por medio del cual *"estos actos o complejos de actos vienen a ser enfrentados como delitos"*.

> [...] «Delito» refiere a una variedad de actos y comportamientos completamente incoherentes que tienen en común solamente el [hecho de] ser considerados delitos. ¿Qué relación es posible identificar entre la violación de oscuras normas administrativas, el robo con violencia y la exportación de capital violando las reglas del sistema monetario? Esto nos permite preguntar por qué

---

[100] Tal como lo señala Enrique Bacigalupo, un *ilícito* constituye *"la violación del orden jurídico"* que amerita una punición pero ésta requiere de *"la comprobación de que el hecho importa, en primer término, la infracción de una norma y, en segundo lugar, la verificación de que esta infracción no está autorizada"*. De este modo, el *delito* configura un hecho socialmente dañoso merecedor de una *pena*, siempre que el carácter de dañoso esté estrictamente dado por la lesión de un *bien jurídicamente regulado*, es decir, por la lesión de un interés social jurídicamente protegido. En consecuencia, *"la lesión de un bien jurídico sería contenido esencial de la infracción del orden jurídico que se caracteriza como delito"* (en: Bacigalupo, Enrique, *Derecho penal. Parte general*, Editorial Hammurabi, Buenos Aires, 1999, p. 212 y ss.).

[101] Para un buen estudio sobre el *delito* como fenómeno social contemporáneo, véase: Findlay, Mark, *The Globalisation of Crime...*, *op. cit.*

[102] Fillieule, Renaud, *Sociologie de la délinquance*, PUF, Paris, 2001, p. 5.

> estos actos son considerados delitos y otros actos, percibidos por algunos grupos o individuos como tanto o más seriamente lesivos para sus intereses, no lo son.[103]

Los problemas sociales, económicos, culturales, políticos, etc. pueden construirse en asuntos penales cuando se proyecta al sistema penal como *"solución más atractiva y/o más accesible que otras soluciones"*, todo lo cual deriva del *"clima cultural prevaleciente, la fuerza relativa de los actores en conflicto, el tipo de recursos a su disposición, su forma de organización, las respuestas institucionales a las que tienen que enfrentar y su «visión del mundo»"*.[104] Por cierto, los actores sociales producen y reproducen sus vidas en un determinado contexto social, cultural, político y ello determina y/o condiciona de algún modo los mecanismos y prácticas mediante las cuales se *criminalizan* determinados hechos, problemas o asuntos sociales, esto es, por medio de los cuales se impone la *"solución penal"* ante los mismos. Para Pitch, la criminalización, en general, persigue tres objetivos interconectados que hacen referencia a las funciones atribuidas comúnmente al sistema penal. En primer lugar, el intento de lograr la *prevención general y especial del delito* mediante *"la disminución de la extensión del problema por medio de la amenaza del castigo y/o la eliminación (encarcelamiento) de los responsables"*. En segundo término, el ordenamiento simbólico de ciertos valores o bienes protegidos por una determinada sociedad a través de *"la asunción simbólica del problema como un «mal» universalmente reconocido y la consecuente legitimación de los imperativos e intereses del grupos reclamante como imperativos e intereses universales"*. Y, en tercer término, la canalización de una instancia o instrumento pedagógico que apunte al *"cambio de las actitudes y modelos culturales dominantes relacionados con el problema"*.[105]

Lo cierto es que la *criminalización* de ciertas acciones sociales configura inicialmente una *operación conceptual y legal* de diseño y formulación de figuras o tipos penales pero también supone la conformación de un *dispositivo institucional* abocado exclusivamente a identificar las

---

[103] Pitch, Tamar, *Responsabilidades limitadas. Actores conflictos y justicia penal*, Ad-Hoc, Buenos Aires, 2003, p. 103.
[104] *Ibíd.*, p. 134.
[105] *Ibíd.*, pp. 135 y 136.

146

conductas tipificadas como delito por la ley penal, imputar la responsabilidad de las mismas a determinadas personas concretas y ejecutar el castigo establecido para ello.

En efecto, el proceso de *criminalización* de determinados comportamientos no solamente supone la calificación de determinadas acciones como delictivas a través de la elaboración y sanción de la *ley penal –criminalización primaria–* sino también la identificación de personas concretas como infractores de la ley penal y el establecimiento de una cierta punición sobre ellas *–criminalización secundaria–*.

> El proceso selectivo de criminalización se desarrolla en dos etapas, denominadas, respectivamente, *primaria y secundaria. Criminalización primaria es el acto de y el efecto de sancionar una ley penal material, que incrimina o permite la punición de ciertas personas.* Se trata de un acto formal, fundamentalmente programático, pues cuando se establece que una acción *debe ser penada*, se enuncia un *programa*, que *debe ser* cumplido por agencias diferentes a las que lo formulan. Por lo general, la criminalización primaria la ejercen agencias políticas (parlamentos y ejecutivos), en tanto que el programa que implican lo deben llevar a cabo las agencias de criminalización secundaria (policías, jueces, agentes penitenciarios). Mientras que la criminalización primaria (hacer leyes penales) es una declaración que usualmente se refiere a conductas o actos, la *criminalización secundaria es la acción punitiva ejercida sobre personas concretas*, que tiene lugar cuando las agencias policiales detectan a una persona, a la que se atribuye la realización de cierto acto criminalizado primariamente, la investiga, en algunos casos la priva de su libertad ambulatoria, la somete a la agencia judicial, ésta legitima lo actuado, legitima un proceso (o sea, el avance de una serie de actos secretos o públicos para establecer si realmente ha realizado esa acción), se discute públicamente si la ha realizado y, en caso afirmativo, admite la imposición de una pena de cierta magnitud que, cuando es privativa de la libertad ambulatoria de la persona, es ejecutada por una agencia penitenciaria (prisionización).[106]

---

[106] Zaffaroni, Eugenio Raúl, *Derecho penal…*, *op. cit.*, pp. 6 y 7.

Éste es, pues, el contexto en el que la policía estructura su funcionamiento, el que, en tanto agencia principal de criminalización secundaria, es siempre *selectivo*.

La criminalización primaria configura un programa de acción institucional prácticamente irrealizable en toda su extensión. Existe una significativa disparidad entre el inconmensurable conjunto de conflictos o hechos lesivos –hechos que han sido formalmente criminalizados por las agencias de criminalización primaria a través de las leyes y normas penales– que realmente acontecen en la vida social, y aquellos que son efectivamente conocidos, abordados y procesados por las agencias policiales, judiciales y penitenciarias. Estas agencias de criminalización secundaria sustentan una limitada capacidad operativa frente al conjunto de los hechos y actos lesivos que se producen en la vida social y que hacen a la *criminalidad real*, lo que les impone la necesidad de emprender un proceso de *selección criminalizante* de algunos pocos hechos o actos delictivos para abordarlos y procesarlos.

He aquí, pues, un aspecto clave de la organización y funcionamiento de la policía en las sociedades modernas. La policía conforma una de las principales agencias –sino la más importante– de criminalización secundaria y, por ende, cuenta con una enorme y significativa *capacidad discrecional* para administrar de hecho modalidades efectivas de criminalización sobre ciertas personas. La sustantiva diferencia entre la policía y las restantes agencias de criminalización secundaria reside en que la primera configura la instancia primera y principal del proceso de selección criminalizante. Las agencias judiciales y penitenciarias se limitan apenas a administrar aquellos casos y personas que fueron criminalizados efectivamente por las agencias policiales, convirtiendo, así, a éstas en una de las principales agencias de control social.

De todos modos, el número de casos y personas criminalizadas por las agencias de criminalización secundaria es socialmente limitado y casi siempre se reduce a un conjunto acotado de personas altamente vulnerables y sujetas a la *estigmatización criminalizante* de dichas agencias. La capacidad y poder de control social de las agencias de criminalización secundaria, en particular, de las agencias policiales, no reside en el número de casos efectivamente conocidos, abordados y procesados sino, más bien, en el conjunto de acciones y procedimientos de control paralelos o colaterales que son puestos en práctica con el pretexto de la aplicación de la ley penal o, más precisamente, de la prevención y conjuración de actos delictivos o ilícitos, dando forma a un verdadero sistema de *"control configurador positivo"* del sistema social y es ejercido principalmente por las agencias policiales.

> [...] *La criminalización secundaria es casi un pretexto para que las agencias policiales ejerzan un formidable control configurador positivo de la vida social, que en ningún momento pasa por las agencias judiciales o jurídicas:* la detención de un sospechoso, de cualquier persona para identificarla o porque llama la atención, la detención por supuestas contravenciones, el registro de las personas identificadas y detenidas, la vigilancia de lugares de reunión y de espectáculos, de espacios abiertos, el registro de la información recogida en la tarea de vigilancia, el control aduanero, el impositivo, migratorio, vehicular, la expedición de documentación personal, la investigación de la vida privada de las personas, los datos referentes a las mismas recogidos en cursos de investigaciones ajenas a ella, la información de cuentas bancarias, del patrimonio, de conversaciones privadas y de comunicaciones telefónicas, telegráficas, postales, electrónicas, etc., todo con pretexto de prevención y vigilancia para la seguridad o investigación para la criminalización, constituyen un conjunto de atribuciones que pueden ejercerse de modo tan arbitrario como desregulado, y que proporcionan un poder muchísimo mayor y enormemente más significativo que el de la reducida criminalización secundaria. Sin duda que *este poder configurador positivo es el verdadero poder político del sistema penal.*[107]

Ahora bien, el proceso de selección criminalizante llevado a cabo por las agencias policiales está determinado por el grado de *vulnerabilidad social* de las personas concretas sobre las que recae dicho proceso, todo ello en base a un determinado *estereotipo de delincuente* que constituye, por cierto, una construcción social que resulta de ciertas condicio-

---

[107] *Ibíd.*, pp. 12 y 13.

nes personales derivadas de su pertenencia a un determinado estrato o clase social y de sus particularidades etarias, raciales, étnicas, de género, estéticas, profesionales, de escolaridad, de residencia, ocupacionales, de nacionalidad, políticas y/o culturales.

En concreto, *la selección criminalizante policial recae predominantemente sobre los sectores bajos, subalternos y desprotegidos de la sociedad* que cuadran con el *estereotipo del delincuente socialmente predominante* y que llevan a cabo *actos ilícitos patéticos*, es decir, *ilícitos groseros, rústicos o burdos, de alta visibilidad pública y de fácil identificación y detección*. Como contracara de ello, en general, se excluye de esta selección criminalizante aquellos actos delictivos menos visibles, más elaborados, complejos, sofisticados y/o cometidos por sectores sociales no vulnerables, tales como los *delitos de "cuello blanco"*, los delitos de alta rentabilidad económica propios de la *criminalidad organizada* más sofisticada o los *delitos complejos* vinculados con acciones políticas ilegales o el terrorismo.[108]

> En definitiva, *las agencias* [de criminalización secundaria] *acaban seleccionando a quienes transitan por los espacios públicos con divisa de delincuentes, ofreciéndose a la criminalización —mediante sus obras toscas— como inagotable material de ésta* [...]. El estereotipo criminal se compone de caracteres que corresponden a personas en posición social desventajosa —y por lo tanto, con entrenamiento primitivo— cuyos eventuales delitos, por lo general, sólo pueden ser obras toscas, lo que no hace más que reforzar los prejuicios racistas y clasistas, en la medida en que la comunicación [social] oculta el resto de los ilícitos que son cometidos por otras personas en forma menos groseras o muy sofisticadas, y *muestra las obras toscas como los únicos delitos*. Esto lleva a *la conclusión pública de que la delincuencia es sólo la de los sectores subalternos de la sociedad*.[109]

Así, el poder discrecional de las instituciones policiales es amplio y significativo y, en general, está determinado por esta impronta selectiva

---

[108] *Ibíd.*, p. 9 y ss.
[109] *Ibíd.*, pp. 9 y 10.

cuyos factores constitutivos no derivan solamente de la instrumentalización institucional que sobre ellas llevan a cabo con relativo éxito los gobiernos, los medios de comunicaciones y los sectores sociales medios y dominantes sino también del conjunto de prácticas y marcos de referencias simbólicos que se reproducen históricamente en el interior de dichas instituciones y que tiene como itinerario estructurantes esa selectividad.

No obstante, ello se constituye en un marco signado por los parámetros normativos e institucionales que se conforman y habilitan a través del proceso de criminalización primaria mediante el cual se establece un *programa penal* que sirve como marco de referencia fundamental para la actuación selectiva de las agencias de criminalización secundaria, en particular, para la policía. Las normas penales constituyen el *instrumento normativo habilitante y legitimante* de la actuación preventiva, conjurativa e investigativa de la agencia policial o, si se quiere, configuran los *medios instrumentales* a través de los cuales la policía lleva a cabo sus labores. Para ello, a contramarcha de las interpretaciones habituales que, en el marco de una concepción normativista, le otorgan el monopolio de la interpretación de las normas penales a las autoridades judiciales competentes, la policía desarrolla el proceso de criminalización secundaria mediante la *calificación* y *aplicación* efectiva de los tipos penales a personas concretas ante hechos concretos. *Califica* porque constata de alguna manera la comisión de cierto hecho al que define, interpreta y juzga valorativamente como abarcable por, o coincidente con, alguna figura penal típica establecida en la norma penal de fondo. Y *aplica* porque, casi siempre, atribuye o imputa a determinada persona concreta la comisión de aquel hecho interpretado y calificado como delictivo. Todo ello lo emprende siguiendo los criterios de *selección criminalizante* que signan su actuación y que, en general, están determinados por la vulnerabilidad social.

Además, la policía lleva a cabo este proceso criminalizante formulando y difundiendo con relativa eficacia una determinada *narrativa criminológica* en cuyo contexto le otorga significación al fenómeno delictivo a través de su *interpretación* y a través de la *validación* de ciertas modalidades de intervención preventiva y conjurativa sobre el mismo, que son policiales de manera exclusiva y excluyente.

De todos modos, más allá del significado simbólico de la acción policial, la policía interviene decisivamente y con consecuencias efectivas en el control del delito y en el proceso de criminalización de conductas. De hecho, es la policía la que, en general, inicia el proceso institucional de persecución penal que motorizan, a partir de ello, los diferentes operadores judiciales. En este sentido, la práctica institucional concreta permite apreciar que la institución policial es la *"puerta de entrada"* del sistema penal a través de la cual se criminalizan concretamente los hechos y actos considerados –policialmente– violatorios de las normas penales y se introducen a los *"criminales"*. El *poder judicial* parece, más bien, una instancia justificatoria o refractaria de la actuación policial, pero siempre en un lugar derivado y secundario frente a dicha actuación.